M&Aという選択

畑野幸治
株式会社FUNDBOOK 代表取締役CEO

プレジデント社

はじめに

父の会社の自主廃業で、家族は天国から地獄へ

今から34年前、山口県長門市の小さな病院で私は生まれました。両親は共に山口県出身。父は東京大学経済学部卒業後、山一證券株式会社に入社。母は京都女子大学卒業後、父と出会い結婚し、3人の子どもを育てる合間を縫いパッチワークの先生もしていました。

東京に自宅と自家用車を所有し、休日には外食、長期の休みには海外旅行へ。真面目で頑固な父、天真爛漫な母、勤勉な兄、7つ離れた幼い妹という大切な家族と共に、ありがたいことに何不自由のない豊かな暮らしをさせてもらっていました。

そんなある日、家族の幸せを根本から覆すような出来事が。

父が勤めていた山一證券が自主廃業したのです。みなさんの記憶にも残っているでしょう。損失隠しによる不正会計が公になり、見るも無様な格好でニュースに取り上げられる毎日。新聞やニュースで特集され、コメンテーターとして招かれた父はニュー

ステーションなどのテレビ番組にも出演していました。

当時、金融法人第1部から公開企画部長に就任し、役員昇格への一歩を踏み出したばかりだった父。ある朝、険しい顔をした父から唐突に、

「幸治、今までのような暮らしはできなくなるので自立するように』

と叱咤激励されたことは今でもよく覚えています。

父から厳しい教育を受けて育ってきた私は強い反発心を抱いたと同時に、父のような生き方に疑問を抱くようになりました。

「父のように一流大学に進学し、大手企業に勤めることが本当に幸せなのか？」

中学2年の時のことでした。


大企業に疲れ切っていた父は、いくつもの会社からの高待遇での誘いを断り、寛容な母の応援を受けて起業の道を選びました。金融に特化した有料人材紹介事業です。

しかし経済が活況な時期は順調でも、不況に弱いビジネスモデルのため、不況時の採用引き締めと共に業績難に陥りました。住宅ローンを残したまま持ち家は銀行の抵当に入り、家に生活費も入れられなくなりました。消費者金融にも相当額を借りていた

ようです。

兄は大学生、妹はまだ小学生でした。ほとんど働いた経験のない母も生活のために働き始めましたが、まもなく病気を患い入院してしまいました。

見舞いに訪れた際、「入院費を払えないから退院する」と母は言いました。そして母のピンチに何もできない自分と、残酷な現実。涙も枯れはて、自分の無力さや人生への後悔など、際限もない負の感情が私を包みました。この時の母の言葉や姿は、今でも私の心の奥深くに暗い影を落としています。

会社の廃業が、従業員の家族にどれだけの影響を及ぼすのか。その子どもたちの人生と生き様に、どれだけの影響を与えるのか。私は、子ども時代に身をもって経験しています。

生きるために起業

大学進学と同時に、私は起業の準備に入りました。

ベンチャー企業に代表されるように、若くして起業する経営者はイノベーティブな志を持つ方が多いように思いますが、私の目的は両親を救済すること。だから時間に余裕はありませんでしたし、どんな手段を使っても家族を助けると決めていました。実家の抵当を外し、生活の支援をし、いつか成功できたら大きな家を建てて、苦労してきた両親にのどかな老後を過ごさせてやりたいと思う一心からの起業でした。

『幸運の女神は努力を続けた者に微笑む』

これは弊社（株式会社FUNDBOOK）の行動指針のタイトルです。

あれから14年が経ちます。最初に興したインターネット広告事業とソリューション事業に続き、ネット型のリユース事業「スピード買取.jp」で私は成功と言ってよい成果を収めることができました。本書が出版される同月、それなりに豪華な家を両親にプレゼントしてあげられるまでになりました。

人生を投げずに諦めなかった結果、さまざまな方々に支えられながら、家族を救うという当初の目的をなんとか果たすことができたのです。目の前が真っ暗になっても、関わり合う人たち全員に諦めるように言われても、不撓不屈の精神で謙虚にやり抜けば、必ず幸運の女神は微笑んでくれると私は信じています。

そして今年の10月、私は大きな決断と共に新たな船出を迎えることになりました。「スピード買取.jp」を運営する株式会社 BuySell Technologies の代表を辞任し、株式を全株譲渡したのです。

そもそもこの法人は、長く父と私を悩ませてきた、父が創業した法人格でもありました。私が創業した事業をこの会社に譲渡かつ資金供給し、社長を承継して一蓮托生で運営してきたのでした。今や同社は年商約１００億円、従業員数５００名を超える、全国でＣＭ放送をできるだけの立派な企業へと成長し、新体制で株式公開を目指しています。

さらに、同法人の一事業部門であったM&Aのアドバイザリー事業をスピンアウトして株式会社FUNDBOOKを創業、私は社長に就任しています。これは3度目のスタートアップの挑戦です。起業当時から夢見た金融コングロマリットを目指しての再スタートでもあります。しかし何より、日本でM&Aが根源的に促進されていくことを願ってのことです。

今振り返ると、あのまま父が経営を続けていれば高い確率で自己破産に追い込まれていたでしょう。自宅を含む全ての資産を失い、信販における信用情報を失っていたかもしれません。両親が離婚していた可能性もあります。

それだけでなく、父を信じてくれた従業員や取引先の方々、さらにそのご家族の人生に多大な影響を及ぼし、私が経験した惨事を父自身が廃業を引き起こしてしまうことになりかねなかったのです。

それを防ぐ方法が、M&Aです。なぜ私が廃業を勧めないのかを私の実体験や本書を通じて伝えながら、悲しい経験をする人が少なくなるよう、啓蒙するとともに本事業と社会貢献に邁進するつもりです。

「廃業」、「事業承継」、「M&A」、「株式公開」から何を選択するのか？

企業が経営を行ううえで最も影響を受けるのは経済動向です。現代の日本経済は世界情勢に振り回されているのが実情で、2017年現在では、日銀のマイナス金利政策の影響で大胆な金融緩和が行われています。しかしデフレ脱却には至らず、この政策の継続性は不透明と言えるでしょう。

安倍政権は金融政策ばかりで、実体的な構造改革を行ってきたとは言えません。日経平均が2万円前後で堅調に推移している現在も、ここから上向く材料はあるのでしょうか？　アベノミクス景気はピーク感を漂わせていると言っても過言ではありません。実体経済では日本の人口減少による経済市場縮小の問題、過疎化による地域経済の衰退、グローバル化による国際競争の激化、現在では多様な地政学的なリスクも懸念されています。

会社を経営されている方は、現在の日本経済がこのまま維持されるわけではないこと、人口減少によってほとんどのマーケットが縮小トレンドにあることをご存じでしょう。国際競争や無人化構想によって価格競争が激化し利益率が衰退傾向にある実態、過疎化による労働力の不足、選択肢の多様化による後継者問題の発生などへの対策を、今からでも講じなくてはなりません。

企業が突然風邪を引くことも、時には難病にかかることもあるでしょう。その病気は必ずしも自力で治せるモノばかりではありません。人が病気にかかったら病院に行くのと同じように、企業も病院へ行くことを想定して事前に受け皿を探しておく必要があります。

企業が進む道には、「廃業」、「事業承継」、「M&A」、「株式公開」の4つの選択肢しかないと私は思っています。非常時のシミュレーションを実施しておくことは、経営者として必須のミッションです。従業員を雇用している企業は、自身の利益だけでなく企業の将来について複合的な選択肢を持つ責任があるのです。

人が亡くなる時は生命保険があります。でも、企業が亡くなる時に生命保険などは存在しません。だからこそ、事前予防や対策を講じ、非常時に引き受けてもらえる先を見つけておくべきなのです。それこそが、従業員やその家族に対する責任ではないでしょうか。

未上場企業がプライベートカンパニーに留まることは、それぞれの方針次第です。しかし、「リスクを取っているのだからリターンを得ることは当たり前」と誤認し、慢心経営を重ねてリスクヘッジの策を講じない経営者は、人を雇用する資格がないというのが私の個人的な考えです。過去15年間で100万社の廃業統計があります。そして、現在60歳を超えた経営者が運営する企業は約120万社存在すると言われています。これからの時代は、それだけの企業が廃業、事業承継、M&A、株式公開という4つの選択を迫られるのです。

最後に、本書を通じてM&Aのネガティブなイメージが刷新され、先入観の先にある世界を伝えられればそれ以上に嬉しいことはありません。

父の会社を私が引き受けたことは、承継でありM&Aであり、渡されたのは愛に溢れた父からのバトンだったと思っています。

私の拙い著書で一人でも多くの方の経営の救済に役立ち、未来のリスクをヘッジする選択肢になれたら、本書を出版した本当の意味があったというものでしょう。

株式会社FUNDBOOK
代表取締役CEO 畑野幸治

目次

PART 2 30分でわかるM&A

PART 3

納得！ M&Aのケーススタディと成功のポイント

目　次

PART 1

日本の中小企業を次世代につなぐために

～M&Aが日本経済を救う～

1　人口減少に伴う日本経済の縮小

古き良き経営者ほど追い詰められる時代に

ある日、年配の女性が私たちのもとにやって来ました。上品な雰囲気をまとっていますが、その表情は曇っています。

話を聞くと、「地方で自動車学校を経営している」とのこと。

「7年前に突然主人が亡くなって、そのまま私が会社を引き継いだのですが、もう80代。少子化で生徒の数も少しずつ減っていますし、これ以上会社を続けるのは難しいような気がして……」

ご主人亡き後、優秀な指導員たちが現場をリードする形でなんとか経営を続けてきましたが、ご自身の年齢に不安もあり、会社を閉鎖することを考えたそうです。

しかし、少し調べただけで、会社を閉鎖することもそう簡単ではないことに気づきました。

教習所内の広大な土地や教習車、教室設備などの資産の処理や清算、登記の問題、社員への退職金など、廃業となると各種の手間や莫大なコストがかかることがわかったのです。

加えて、長年会社に尽くしてくれた指導員と事務員のことを思うと、心が痛むのだと女性は言いました。地域密着の教習所として、多くの生徒を送り出してきた思い出も脳裏をよぎります。また、夫が人生をかけて頑張ってきた会社なのに、自分の代で途絶えさせてしまってよいのか……と。

2人の子どもはそれぞれの得意な分野で才能を伸ばし、都心にある大手企業に就職しているそうで、会社を継ぐ気も地元に戻ってくる気もさらさらないとのこと。

働いている指導員・事務員も中高年が多く、とても継いでもらえるような状況ではないようです。

そう簡単に廃業もできず、かといって継いでもらうアテもない。80代の自分も、あとどれくらい頑張れるかわからない……。

八方ふさがりのこの状況を懇意にしている税理士に話したところ、私たちの会社に相談してみてはどうかとアドバイスされたということでした。

数字で見る後継者不在の実態

このような経営者の例は、決して珍しい話ではありません。業種、年齢、性別は異なっても、後継者不在による廃業の危機に見舞われる中小企業は数多く存在します。

では、実際に数字で見てみましょう。

帝国データバンクが全国28万9937社を対象に行った「2016年　後継者問題

構成比

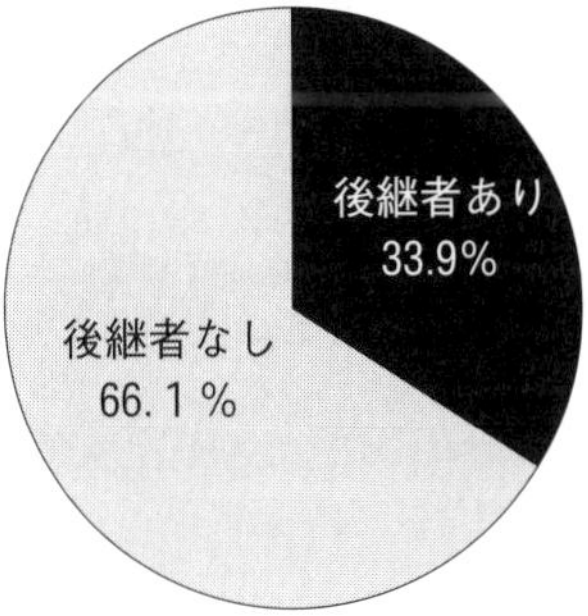

出典:帝国データバンクより図を作成

に関する企業の実態調査」では、国内企業の3分の2にあたる66・1%が後継者不在であることがわかっています。

この66・1%を日本の株式会社数約247万社に掛け合わせると、後継者不在企業は160万社以上。いかに後継者不在が進んでいるかがおわかりになると思います。

また、中小企業庁委託調査「中小企業の事業承継に関する調査に係る委託事業作業報告書」（2012年）によると、20年以上前は8割を超えていた親族内承継が、0～9年前には約5割に減少しています。後ほど詳しくデータでご説明しますが、以前と比べて厳しい経営環境や働き方に対する

親族外承継の比率が上昇

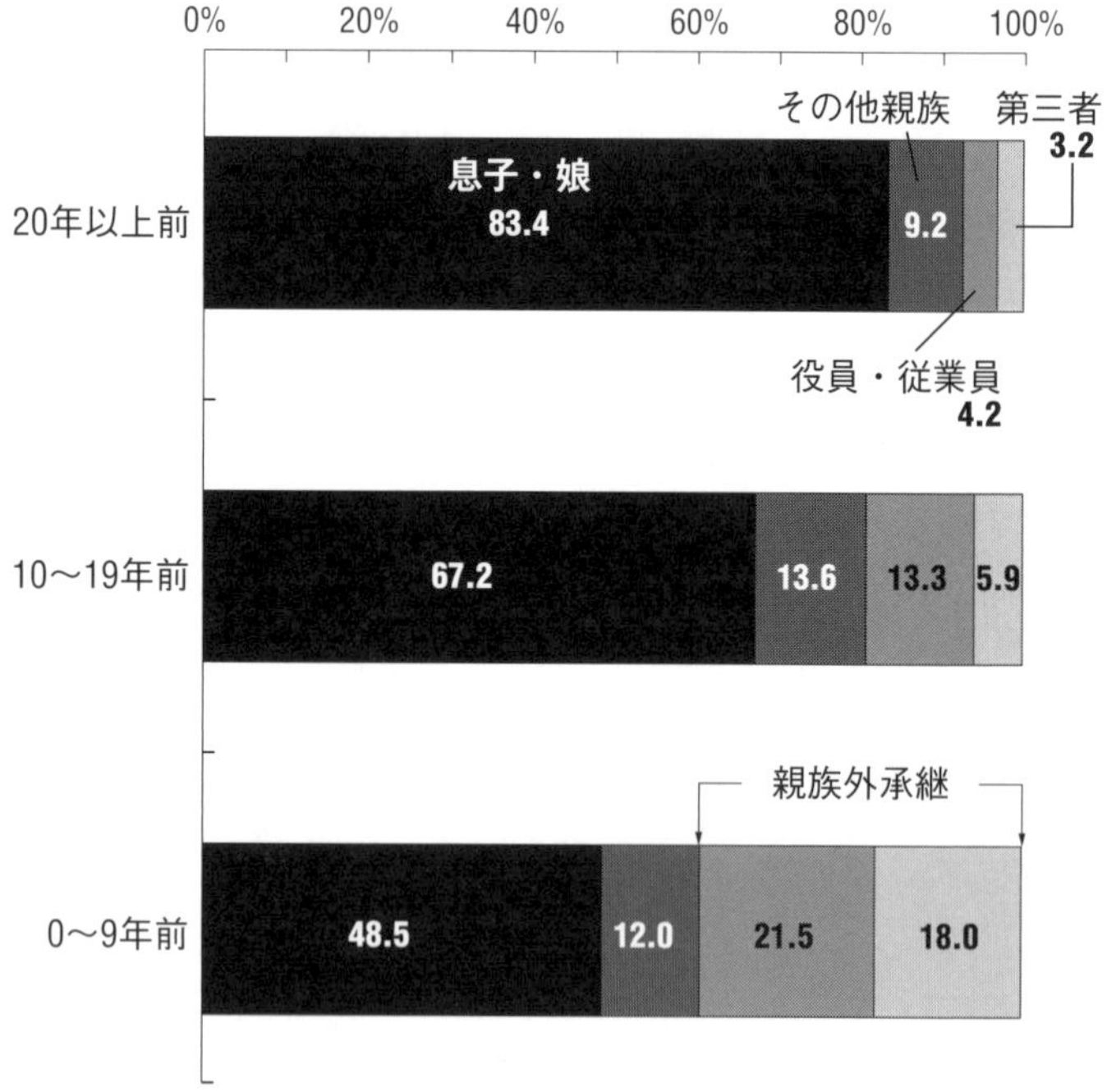

出典:中小企業庁委託「中小企業の事業承継に関する調査に係る委託事業作業報告書」

考え方の変化から、中小企業の後継者は急激に減少しています。そのため、4割近くは親族外承継ということになります。

人口減少と価値観の多様化が後継者不在を招いている

なぜ、このような後継者不在の状況が起きてしまうのでしょうか？

これには、複数の社会的な要因があると考えられます。

要因1　人口減少に伴う経営環境の悪化

いまや日本を超えるGDPを叩き出している中国がなぜ、あれだけの経済発展を遂げているのか。その要因の1つに、人口の規模が日本の10倍以上という点があげられます。

マーケットの規模と人口とは、密接にリンクしているのです。

一方、ご存じのように少子高齢化が進む日本では、これからもどんどん人口が減っていきます。現在、約1億2700万人の人口は2050年には約9700万人、2100年には4000万人台まで減る見通しが予測されています。

単純に考えると消費財の需要は3分の1に、大都市を除く不動産価格も長期的には下落傾向が予想されます。技術革新による1人当たりの労働生産性の上昇や海外展開により、2100年のGDPは未知数です。

今後、確実に人口が減少していく環境で、内需中心の中小企業が利益を上げていくことがどれほど困難になっていくかは想像に難くありません。

さらに、コストの面で大きな強みを持つアジア諸国の企業がどんどん日本に進出してきています。国内での生き残り競争のみならず、海外資本の企業とも小さなマーケットの中で戦っていかねばならないのです。

これまでの時代と比べ、中小企業のビジネス環境はずいぶん悪化していると言えるでしょう。

こうした環境の中、そもそも自社を継ぎたいと考える後継者が減少していくことは当然のことだと思います。また我々がヒアリングをする中で、経営者側としても、子どもに大変な思いをさせてまで後継ぎにさせたくないという方も増えています。

要因2　時代の変化による価値観の多様化

かつては日本にも、生きるためには働くしか選択肢がなかった時代がありました。しかし物質的豊かさが実現された現在は、働くことにも〝理由〟が必要。人生を豊かにするために、あらゆる選択肢を検討することができる時代が訪れたのです。

どんな勉強をしてもいいし、どんな道に進んでもいい。

結婚してもしなくてもいいし、子どもを持っても持たなくてもいい。

成功にもさまざまな形があることを、多くの人々が気づき始めています。いい学校に進んで有名な大企業に就職し、結婚して子どもをもうけることが人生のゴールではなくなったのです。

このように価値観と選択肢が多様化すると、親の会社を子どもが継ぐことも当たり前ではなくなってきます。

「親の会社を継がなければ」と子どもが義務感を抱くことがなければ、親も「子どもには子どもの人生がある」と考えるようになり、承継を強制することが減っています。

規模の大小にかかわらず、一つの会社を経営することにまつわる苦労やプレッシャーを、子どもに味わわせたくないという親心もあることでしょう。

また、経営者の多くは子どもの教育にお金をかけています。

良い進学先に恵まれた結果、弁護士や医師になるケースも多く、ますます親の事業を継ぐモチベーションも低下すると言われています。

このように、マーケット縮小によるビジネス環境の悪化、そして価値観の多様化による世襲文化の衰退により、後継者不在を理由とする廃業の危機に見舞われる企業が増えているのが日本の現状です。

政府の構造改革に期待はできる？

　ここまではマクロ的な要因から後継者不在の問題について説明を行ってきましたが、出生率から子どもの承継の可能性をざっくりと試算してみれば、その深刻な現状をよりリアルに感じられるのではないかと思います。

　2016年現在の日本の出生率は1・44。現状、事業を継ぐのは男性がほとんどですので、仮に男女比率を半分とすると男子の割合は0・7となります。このうちの半分が承継したとしても0・35。

　この時点でも人数としてはかなり心もとないのですが、中小企業の生き残りが厳しくなっている状況を鑑みれば、先代の経営者よりも優秀でなければ承継は難しいと思われます。


……このような要素を足していくと、子どもに会社を継いでもらえる可能性というのは限りなく低い、あるいはゼロに近いと言ってもいいかもしれません。

　マーケットの縮小による経営環境の悪化、そしてそのすべての問題の根底にある人口トレンド、すなわち少子化による人口減少。

日本の経済、ひいては国のあり方に大きな影響を与えるこれらの社会的課題は、たびたび話題になる政府の「構造改革」で解決できるのでしょうか？

あくまで個人的な見解ですが、それは難しいのではないかと思います。

理由は、経済に関して、国が打ち出している施策のほとんどが金融的な政策であって、抜本的、そして根本的に経済を活性化させたり、人口減少という大きな課題に立ち向かったりするような改革ではないためです。

ある程度の改善は行えるかもしれませんが、政府の力に頼っていても、中小企業の経営環境は大きくは改善しないのではないか、と私には思えるのです。

たとえばシンガポールでは当たり前のように株式市場に上場している病院も、日本では医療法人の形態です。病院に配当や株式という概念が取り入れられれば、ダイナミックなお金の動きも出てくると思うのですが、そのためには国による構造的な改革が求められます。

農業においても然り。シュリンクしていく農業人口と市場に対しての構造的な改革は、今のところほとんどなされていません。

もう一つ、根本的な問題である少子化対策についても抜本的な対策は、ほとんど見られません。

保育園の新設は進んできていますが、それ以上に「私も子どもを預けて働きたい」という母親が増えるスピードの方が速く、まったく追いついていない状態です。

また、これはあくまで対症療法であって、子どもを増やすための対策とは言えないでしょう。

〝子どもが小さいうちは母親が面倒を見るべき〟という価値観も廃れてきていますので、今後ますます子どもを持つ母親の就労は加速します。育児・家事と仕事の両立は今の日本ではかなり厳しい状態ですから、比例して少子化は進むのではないでしょうか。

このように、中小企業を苦境に追い込む経営環境の悪化を根本から、国が解決する見込みは持てそうもないというのが私の見通しです。

2　グローバル化と集約化の波が迫っている

なぜ大手企業はグローバル化に焦るのか

実際、日本の大手企業は数十年先の人口トレンドを見越したうえで、どんどん海外進出を進めています。

以前は労働コストや生産コストを抑えることを目的として海外に生産拠点を構える例が多く見られましたが、いまはマーケットへの参入が目立ちます。

有名な企業だと、キリンやアサヒビール、サントリー、資生堂やユニ・チャーム、ソフトバンク、リクルート、ＪＴなど。

他にも生命保険会社や百貨店など、各業界の大手企業が海外の現地企業を買収し、シェアを伸ばすことに注力しています。

縮小する一方の日本のマーケットで勝負していては、疲弊していくのがわかっているからです。

同様に、もちろん海外企業も価格面で優位性のある製品を武器に日本市場への参入を進めています。国内外問わず、国際競争はこれからますます激化していくのです。

大打撃を受ける地方中小企業

このような大手企業のグローバル化に後れを取りがちなのが「中小企業」です。人口トレンドによる危機を見越していたとしても、資金面の問題がありますから大手のように簡単に海外進出できるわけではありません。

人口減少のリスクをある程度回避する対策をとる国内の大手企業に対し、中小企業は真っ先に被害を受けるでしょう。それも、特に地方の企業が危ぶまれます。

というのも、人口が減少していくことで、ますます人手不足が進行していくからです。以前から地方の過疎化は多くの人の知るところですが、すさまじい勢いでＩＴが進化する昨今では、これまで以上に人もモノも情報も都心に集中しています。

若者の少ない地方ではＩＴ化の勢いに乗れないまま、どんどん都心の企業との差が広がっています。

ふるさと納税や地方創生推進交付金、町づくりなど地方創生の動きも盛んですが、地方を盛り上げるスピードと、少子化・過疎化・市場縮小などのスピードのどちらが早いかという話です。

私の実感としては、後者のスピードの方が勝っているような気がします。

集約化の進む国内マーケットと、日本の技術の海外への流出

後継者はおらず、情報も技術も後れを取っている。

海外へ進出する資本もない。

そのような中小企業が生き残りをかけて挑む国内マーケットには、さらに厳しい現実が待っています。

あちこちらで営業しているコンビニエンスストア。
いつのまにか「ドン・キホーテ」になっていたスーパー。
小さいながらも愛されていた書店が気づけばTSUTAYAに。
地元に数店舗あった家電量販店の看板がヤマダ電機に。

わかりやすい例を挙げればこのように、小さな企業がどんどん大手企業に集約化されています。大手企業も国内での生き残りをかけ、買収と地方への進出を繰り返して成長を続けようとしているのです。

逆を言えば、1社の資本や技術力・ノウハウだけでは、もう国内で成長するのは難しいのです。

さらに、国内マーケットでは大手企業だけでなく、海外資本による日本企業の買収もたいへん増えています。

日産、シャープ、ラオックスあたりが有名なところでしょうか。いまホットなところだと東芝、富士通も該当するでしょう。

日本の名だたる有名企業が次々と海外資本の傘下に入るという出来事、これらが日本の未来にもたらす影響を私は心配しています。

日本は資源の乏しい国です。

これまではそれをカバーするだけの技術力や質の高さを武器に、国際競争に勝ち残ってきました。ところが大手企業を中心にその強みが海外へ流出してしまったら、日本にはいったい何が残るというのでしょう。

少し話が大きくなりますが、経済面で弱い国は外交面でも不利になります。国内企業が海外資本に占有されてしまうと、外国から無理難題をつきつけられた時にも、経済的な面を考えるとＮＯと言いづらくなります。

日本の誇る技術力や品質を守っていくこと。

これは大企業・中小企業の区別なく、これからの日本の未来のために、すべての経営者に意識してほしいと私は考えています。

日本のGDPを支える中小企業がどんどん減っている

特に中小企業は、日本の大企業を縁の下で支える存在でもあります。

他社が真似できないような独自の強みをそれぞれの企業で醸成し、日本の産業と経済を支え続けてきました。

数で具体的にイメージしてみましょう。

中小企業の数は385万社で我が国の企業の99・7％（2012年、経済センサス－活動調査）を占めています。一方、株式会社の数は199万社（2017年5月、国税庁）です。残りは個人事業主なので、今回の計算からは除外します。

東京商工リサーチによる2016年全国社長の年齢調査によると、60歳以上の経営者の比率は58・11％。

これらのデータから、60歳以上の経営者が率いる株式会社は約115・6万社と推計できます。

休廃業・解散、倒産件数 年次推移

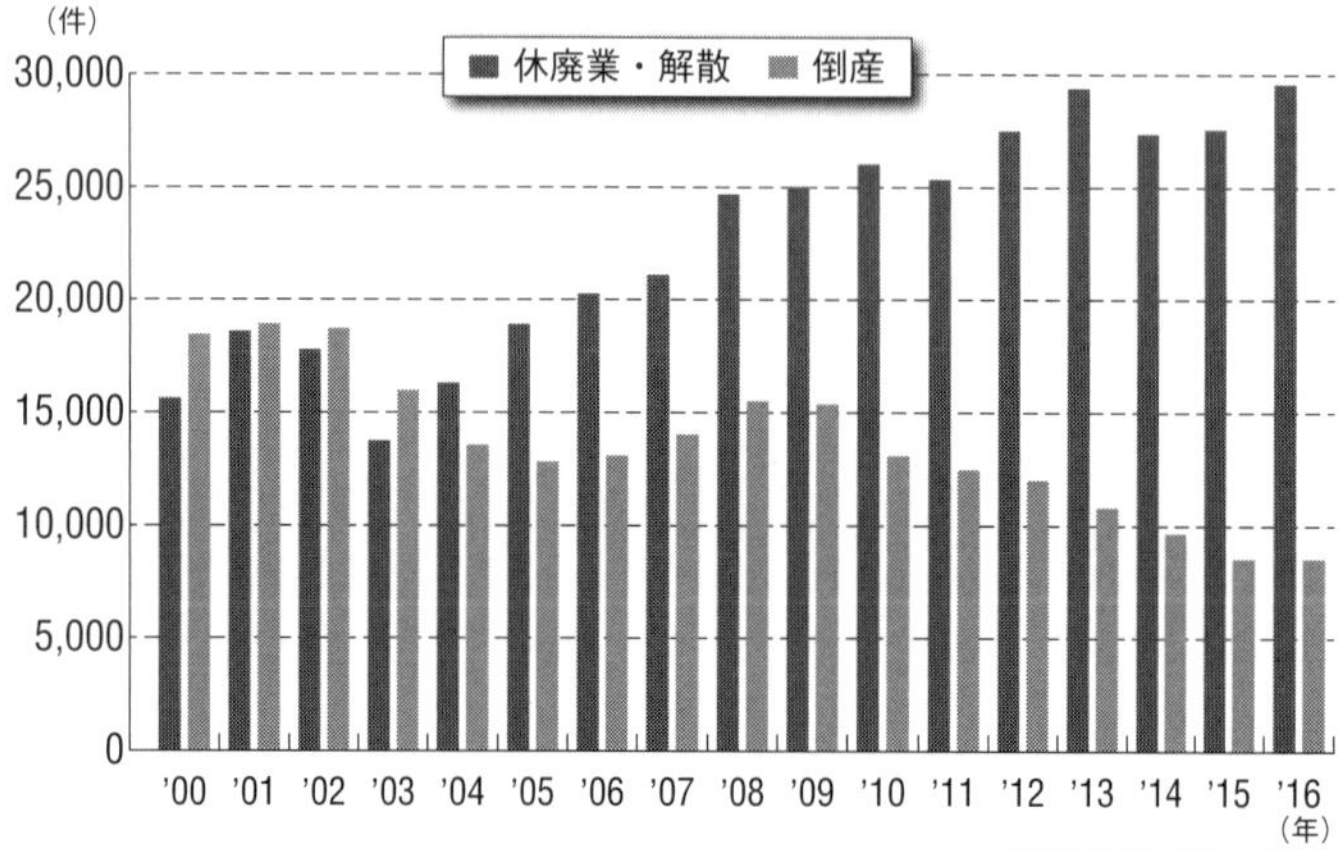

出典:東京商工リサーチ調べ

上場している企業はたった3600社弱（2017年5月現在）。日本の経済を支えているのが中小企業だということは明白です。

それにもかかわらず、いま、中小企業の休廃業が進んでいます。

東京商工リサーチによると、2016年の休廃業・解散数は調査を開始した2000年以降、過去最多を記録。倒産数の方は8年連続減少しています。本来であればまだまだ体力の残っていた企業がやむなく休廃業という選択肢を取っていると考えるのが妥当でしょう。

実際に、休廃業した企業の代表者の年齢

2016年の休廃業や解散の「代表者」年代別構成比

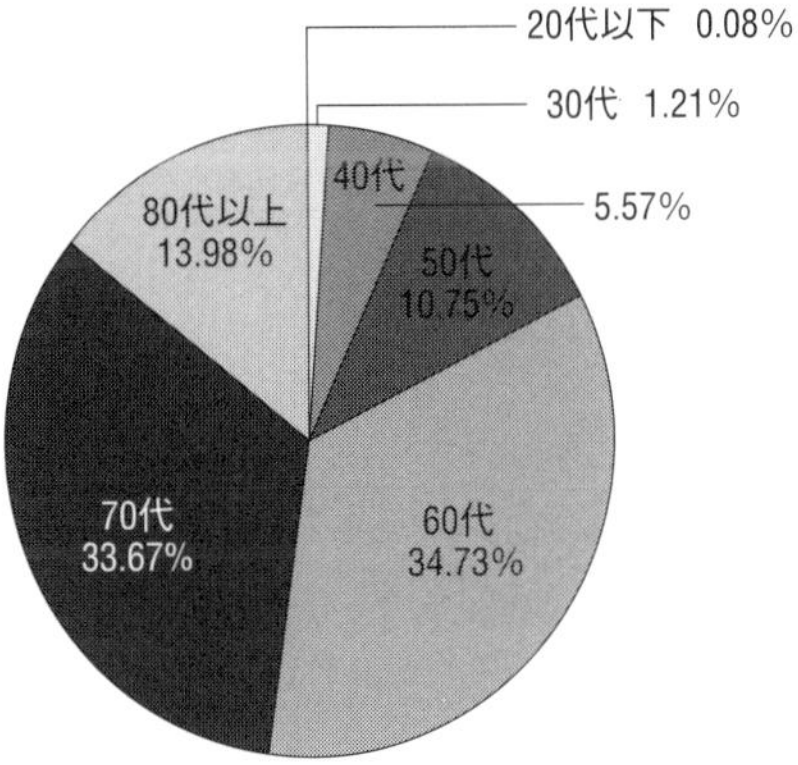

出典:東京商工リサーチ調べ

は60歳代以上が82・3％を占めています。

つまり、これまで説明したようなビジネス環境の悪化、経営者の高齢化、そして後継者の不在が中小企業を休廃業の道に進ませているのです。

2030年、中小企業消滅の危機

日本の経済を支える中小企業が後継者不在を理由に消滅していくことが、どれだけ日本にとっての損失となるか、考えただけでもぞっとしませんか？

しかも、そんな未来はもうすぐ目の前に迫っているのです。

中小企業の平均引退年齢の推移

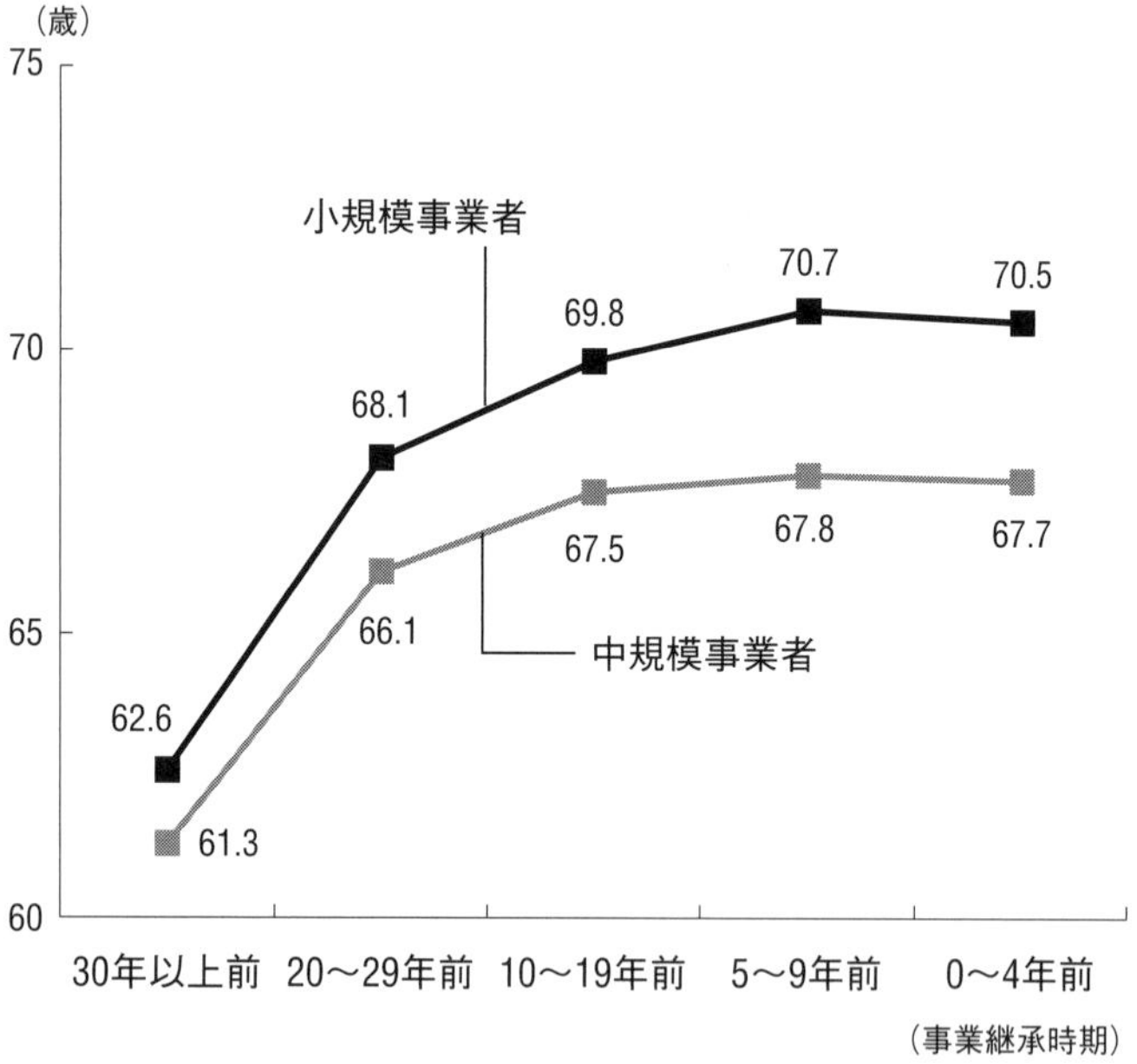

出典:中小企業庁委託「中小企業の事業承継に関するアンケート調査」
(2012年11月、㈱野村総合研究所)

中小企業の経営者の平均引退年齢を見てみましょう。

中小企業庁委託「中小企業の事業承継に関するアンケート調査」（2012年11月、株式会社野村総合研究所）によると、小規模・中規模あわせた平均引退年齢はここ0～4年で67～70歳です。

30年以上前と比べて7～8年ほど伸びていますが、5～9年前とではほぼ同じ、正確に言えばわずかに早くなっていることから、経営者の労働年齢の限界がこのあたりだと言えそうです。

次に、経営者の平均年齢を見てみます。

中小企業庁委託「中小企業の成長と投資行動に関するアンケート調査」（2015年12月、株式会社帝国データバンク）、「株式会社帝国データバンク『COSMOS1企業単独財務ファイル』、『COSMOS2 企業概要ファイル』再編加工」によると、2015年の経営者年齢の山は66歳。この年齢分布を踏まえれば、現在はなんとか踏ん張っている状態でも、これから5年前後で多くの経営者の方が一気に引退の時期を迎えることになります。

中小企業の経営者年齢の分布（年代別）

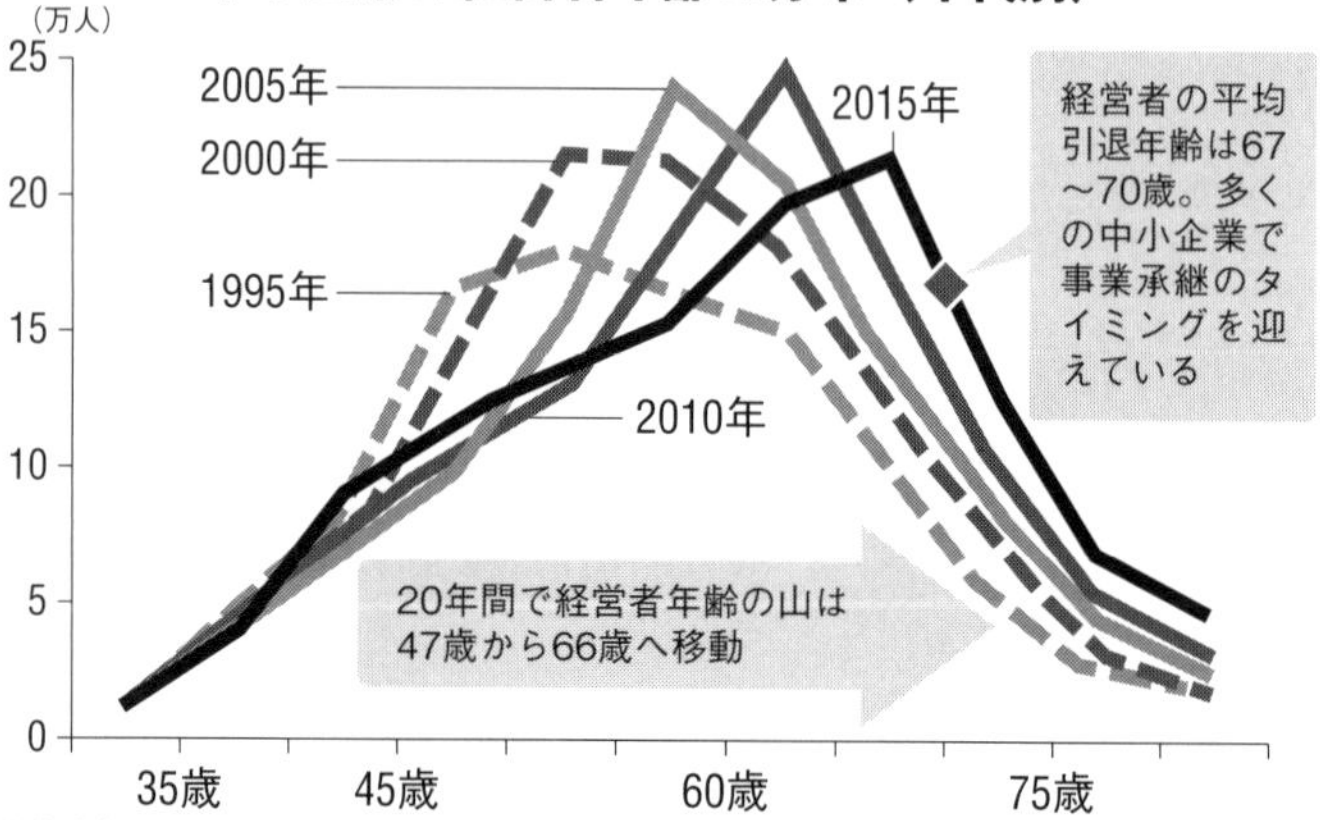

出典:中小企業庁委託調査「中小企業の成長と投資行動に関するアンケート調査」(2015年12月、㈱帝国データバンク)、㈱帝国データバンク「COSMOS1 企業単独財務ファイル」、「COSMOS2 企業概要ファイル」再編加工

とはいえ、事業承継がうまく進まなかった場合、現経営者が無理をして続投せざるをえないかもしれません。それでも、あと15年も経てば年齢は80歳前後に達するのです。

これは現在の男性の平均寿命とほぼ同じです。さすがに天寿を全うするタイミングまで、経営の現場に立つのは厳しいと言わざるをえません。

事業承継が円滑に進まなければ、計算上は2030年には日本の中小企業が消滅することになります。事態はかなり深刻な状況です。

3　廃業では誰も幸せにならない

中小企業を存続させるには

日本のマーケットを支え、なおかつ大企業の縁の下の力持ちとして独自の技術と品質を磨き続けてきた中小企業。

創業者はきっと、強い思いと信念を持って事業を興し、経営に励んできたはずです。冒頭でご紹介した老齢のご婦人のように、従業員の先行きや先代の社長への思い、あるいはご自身のこれからの生活への不安のすべてをクリアし、その存在を次世代に引き継ぐための方法はあるのでしょうか？

まず一つ、「株式上場」という手段があります。従来、経営と資本を分離させ、経営者が退くための手段でもありました。

しかし、数年単位での準備期間が必要となるのはもちろんのこと、よほどの優良企

IPO（新規株式上場）社数

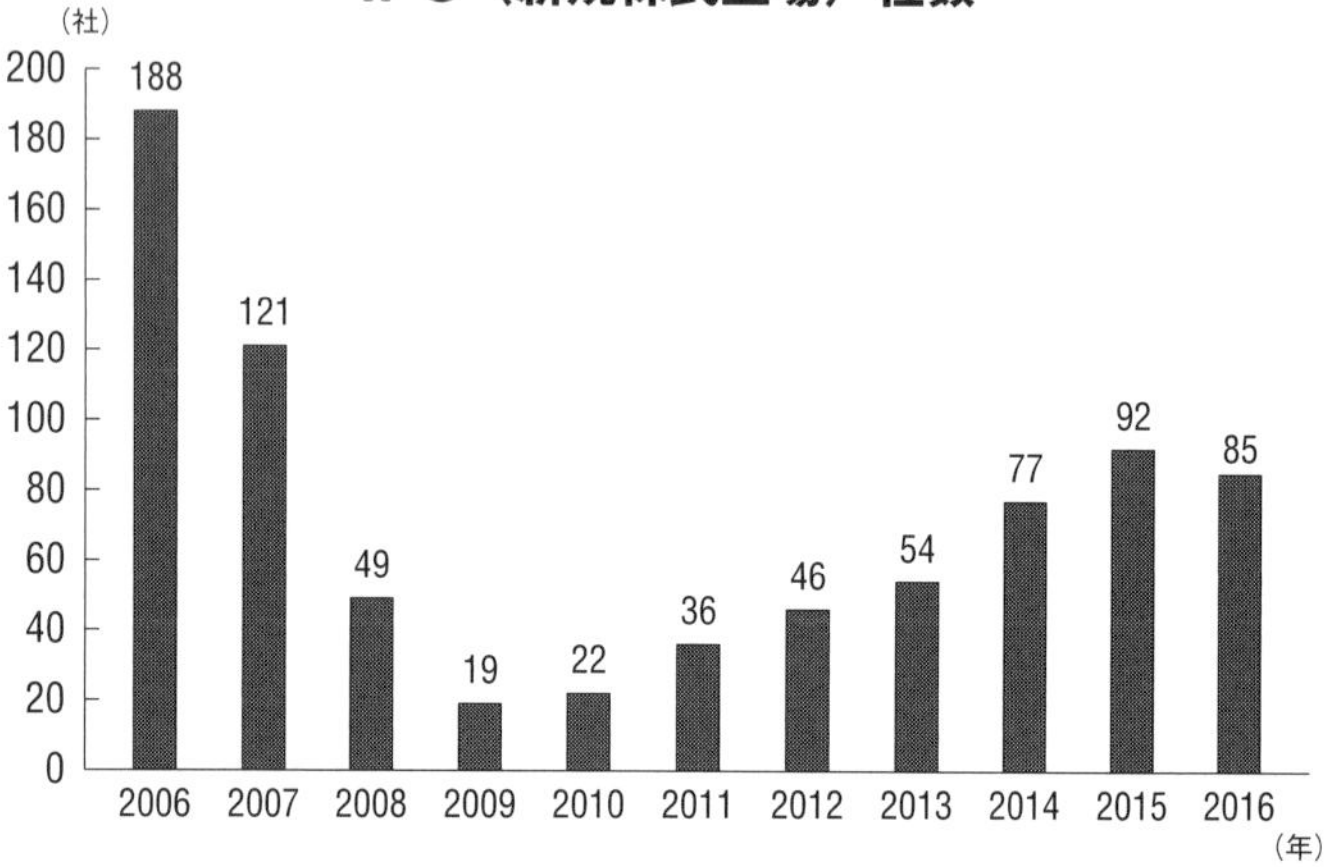

出典:東京証券取引所

業かつ、高度な経営能力がなければ実現は困難です。

じっさい、全法人数のうち上場している企業はわずか0・0009％程度で、上場する企業は毎年多くても100社前後。廃業を避けるための選択肢としては非現実的ではないでしょうか。

次に、親族間、あるいは社内の誰かへの承継です。これは先ほど見ていただいたとおり、比率は年々減少を続けています。

少子化の昨今、実子でなくても親族内や社内に候補者がいれば御の字というところですが、実現のためには解決しなければならない問題があるのです。

事業承継を妨げる壁

親族間および従業員への事業承継を困難にする壁、それは自社株の移転と個人保証の問題の2点です。

中小企業のほとんどはオーナー企業です。現経営者が自社株を保持したまま社長業のみを誰かに委ねるという方法もありますが、亡くなった時には株式の相続が必要になります。

利益の出ている企業の株式にはその何倍もの価値が付いており、その譲渡には多額の贈与税・相続税がかかるのです。贈与された年度で贈与税の支払いも発生しますので、流動性・換金性の低い中小企業の株式の場合、現金を別途で用意する必要もあります。わずかな金額であれば問題ないのですが、多額の資金を用意することは簡単ではないでしょう。

役員や社員といった他人の場合、さらに難易度は上がりそうです。

なぜなら、個人保証の問題があるからです。

通常、設備投資や事業拡大のために経営者は、金融機関から融資を受けます。その際、個人保証として、土地や自宅等を担保にしています。

当然、引き継いでもらう次期社長にも同じことが求められます。

これは、個人には心理的にも経済的にも大きな負担であり、リスクと言えます。

本人や家族が納得したとしても、銀行の与信で認められないということも十分にありえます。普通に考えて、そんなに大きな負担を個人が背負うことは簡単なことではありませんから……。

もちろん、現経営者から当該企業の株式を取得しようとすれば、多額の資金が必要となるのは親族の場合と同様です。

家族を危機に追いやる経営者の突然死

そうこうしているうちに、経営者の突然死という形で会社がピンチを迎えることもあります。

縁起でもない話ではありますが、「まだまだ元気」と周囲も自分も思っていた人が、ある日突然倒れてそのまま亡くなってしまう……というケースは珍しくありません。心筋梗塞や脳梗塞という病気もたいへん身近です。

幸い命をとりとめたとしても、寝たきりになってしまったり、事業を継続できるような状態でなくなったりすることもあるでしょう。

万が一そのような事態になったときは、事業を継続させるためには新たな人物を後継者に据えなくてはなりません。親族、社内、あるいは事業引継ぎ支援センター等を利用して社外からも探すことになります。無事に見つかって引き継いでもらえればよいですが、現実的に厳しいであろうことはここまでお読みいただいたみなさまも感じていらっしゃると思います。

後継者の不在や自社株の移転と個人保証の問題をクリアできず、残念ながら事業がストップしてしまった場合でも、会社が上場していれば家族は株式を売ることで現金を手にすることができます。

しかしほとんどの中小企業は未上場です。事業がストップしてしまうと収入は途絶え、従業員への給料の支払い、取引先への代金の支払い、ひいては家族の生活にも支障をきたします。金融機関からの借り入れが一括返済となることもありえます。

こうなると、それ以上負債を増やさないために廃業を検討する方もいらっしゃるでしょう。

廃業は株主と従業員にとっても経済負担が大きい

会社は存続していればこそ価値があるもので、廃業となると、ただ会社の存在が無くなるだけではなく、株主にとっても従業員にとっても経済的負担が大きいものです。

では、実際に廃業すると、どのようなコストがかかり、所得や財産に影響が出るのか見てみましょう。

廃業を決めたら、まず、債権の回収と債務の支払いをしていきながら、清算するため資産を現金化していきます。

材料や商品といった棚卸資産を現金化するのに、いつもの値段で売れることは決してありません。手元に残っても処分に困るだけですので、普通は閉店セールなどで安売りするか、その手の業者に格安で買い取ってもらうか、廃棄するしかありません。よくても1～2割の値段になるでしょう。

厄介なのは、店舗や機械設備です。

例えば、○○食堂の「看板」の価値は、ゼロ円どころか処分料がかかってしまいます。機械設備類はいい値段で売れそうに思えますが、その会社用にカスタマイズされていたり、汎用品でも型落ちしていて価値がなかったりしますし、その上、売れようが処分しようが撤去費用がかかり、大幅に価値が下がってしまうのです。

また、清算するまで、会社のランニングコストもかかります。営業を停止してから従業員が退職するまでの給与、会社都合で支払う退職金（通常は割増しで支払っているようです）といった人件費の他、家賃など設備維持費やリース料などは、実際にモノが処分・整理できるまでかかってしまいますので、現金が減ります。

帳簿の残高上、資産超過の会社であっても、これらの資産価値の減少で債務超過になってしまう可能性もあり、実際に、廃業したくても廃業できないでいる経営者もいらっしゃいます。

「当社は資産に含み益があるから、そんなことは起こらない」というオーナー経営者がいますが、その場合には税金が重くのしかかってきます。

含み益とは、現在所有する不動産屋や証券等の価格が取得時の価格よりも高い場合の利益のことです。

なぜなら、その含み益に対し清算時に法人税がかかります。34％の手取りが減ることでは終わりません。債権・債務を回収・返済し、資産を現金化して法人税を支払い清算し終えた残余財産には、最後に、会社にではなく株主に税金がかかってきます。

みなし配当課税（所得税と住民税等）といわれるもので総合累進課税扱いとなり、優良企業の株主だとすぐに最高税率の約55％が課税され、半分が税金で消えることになります。長年かけて蓄えてきた資本が、法人税とみなし配当課税の2つの税金で大幅に目減りするのは辛いものです。

廃業は、オーナー経営者だけではなく、従業員にも経済的負荷がかかります。なかでも苦労するのは大抵、幹部社員の方々です。なぜなら、幹部社員は社長より年が

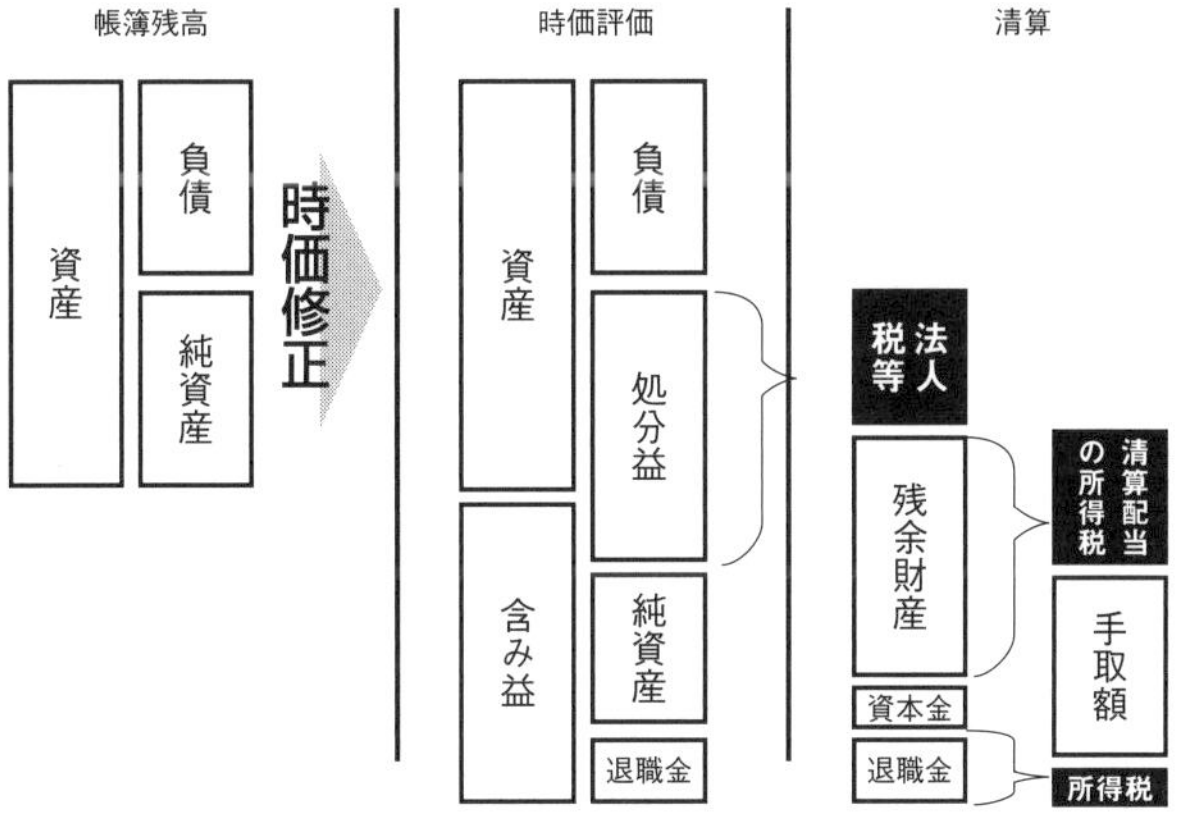

少々若く45～60歳くらい、その世代の転職は大変だからです。例えば、A社の製造部長であるからこそ、給与も社会的地位も高いのですが、そのA社がなくなってしまえば、普通の中年ビジネスパーソンとなんら変わりません。

また、その世代の方の多くは、住宅ローンが残っていて、子どもの進学費用がある年代です。A社の製造部長であるからこそ、住宅ローンは滞りなく返済できているし、高校・大学・塾などの学費が支払えています。A社がなくなってしまえば、転職できても給料が半減し、住宅ローンが支払えずマイホームを手放し、学費が支払えず子どもに進学を断念させ、中卒・高卒で働かせなくてはならなくなり、家族全員の夢が崩壊します。後継者不在の会社では、口には出さなくとも社員は本当に不安に思っているはずです。

もう少し具体的に数字で見てみましょう。

仮に、純資産が10億円あるとします。うち、現金は3億円、設備が7億円としましょう。アパレル業界を参考にしてもらえばおわかりかと思いますが、帳簿上では価値のあるものでも、半年前の洋服の在庫となれば二束三文にしかなりません。

仮に、不動産や設備を全てキャッシュ化したところ、運良く2億円で売れたとしましょう。そうするとキャッシュは合計5億円になります。

ここから、最終決算の利益と清算時の含み益に対し法人税等がかかり、残余財産には株主個人に対しみなし配当への所得税と住民税がかかります。配当は総合累進課税のため、基本的には最高税率の55％で、だいたい2億5千万円くらいの所得税を払うことになります。

そして残った2億5千万円も、子どもに相続させる場合には相続税がかかるため、実際に相続された時には、最終的に残るお金は1億円強にしかなりません。

悲しい結末を迎える相続放棄

わかりやすいように具体的な数字の例を挙げましたが、最終的に1億円強も残るのは恵まれたパターンでしょう。

債権が回収できなかったり、もともとの負債が多かったりする場合もあるはずです。たとえば製造業のように特殊な設備や工場を有している場合は、その処分に多額のお金が必要になることもあります。近年は元の環境に戻すための資産除去債務を計上することが一般的になっているためです。

純資産がマイナス、つまり債務超過になっていれば任意整理か私的整理、最悪の場合は自己破産するしかありません。マイナスでなかったとしても、経営者の突然死あるいは余命宣告に直面すると、急な後継者探しや自社株の移転、相続の問題、そして最悪の場合は、廃業にかかわる配当や相続の手続き、給料や退職金など従業員への対応などのもろもろが一気に押し寄せ、その煩わしさに相続を放棄する親族も少なくありません。

決意あって創業し、経営者が家族や従業員と協力し合いながら続けてきた会社がこのような終わりを迎えるのはたいへん悲しいことです。

できればこのような緊急の事態を迎える前に、会社の行く末についてきちんと事前に計画を立てておく必要があります。

M&Aで開ける新しい事業承継の可能性

とはいえ、親族、あるいは社内の人間に事業を承継することの難しさはこれまで説明してきた通りです。

創業者の思いと、醸成してきた独自の技術やサービスを引き継ぎ、従業員の雇用は守られ、経営者あるいはその家族がこれから生活していくに困らないだけのお金も確保できる方法があるとしたら、前向きに検討する価値は大きいでしょう。

実は、その方法が「M&A」なのです。

「乗っ取り」「身売り」などの敵対的買収を思い浮かべてしまい、良いイメージを持っておられないかもしれません。以前、ライブドアや村上ファンド、スティール・パートナーズといった会社が起こした事件が印象に残っている人もいらっしゃることでしょう。

しかし、あのような事件となるM&Aはそもそも滅多にありません（実際、近年では法改正が進んだこともあり、ニュースでも見かけません）。

私がここで紹介する「M&A」は、そのような敵対的な譲渡・買収ではありません。従業員の雇用と技術・品質を守り、先代の経営者の思いを引き継ぐための友好的な手段です。

たとえば、少し大きな話になってしまいますが、２０１１年に産業革新機構が主導して実現した、株式会社ジャパンディスプレイの例があります。

ソニー、東芝、日立の3社がそれぞれ持っていたディスプレイの事業を統合し、専門の新しい会社としてスタートを切りました。

背景には中国や韓国との熾烈なシェア争いがあります。それぞれの会社の一事業として海外製品と戦うよりも、各社の技術を集結させ、日本のディスプレイ技術を代表するシンボリックな会社として立ち向かおうという作戦です。

専門的になるので詳細は割愛しますが、日立のディスプレイ部門を存続会社として子会社の形で残し、これにソニーと東芝の事業を切り出し、合併させた形です。

これは国が主導して海外勢に対抗するための戦略ですが、1社では困難なことも他企業と組むことで可能になるという良い例なのでご紹介しました。


もう一つ、別の例を挙げましょう。

精密小型モーターの開発と製造において世界ナンバーワンのシェアを誇る日本電産株式会社もまた、M&Aを繰り返して企業規模を拡大してきました。

同業かつ技術はあるものの経営が悪化している企業に対象を絞り、買収した後は徹底的な効率化と経営体制の改善に尽力し、黒字化を図ることで有名です。

主導権を持てるM&Aしか行わないため、一見敵対的と思えるかもしれません。しかし買収した先の社員の解雇は行わず、あくまで施策によって経営改革を行うのが同社の特徴です。

買収された企業としても、そのままでは倒産の憂き目に遭うところだったのですから、同社によって命を救われたという形です。

この例も、M&Aによって両企業にシナジー効果が生まれ、お互いにメリットのあるWIN－WINの関係性を築くことができた、わかりやすいパターンです。

このように、1社だけでは描くことのできなくなった未来を、他社と手を組むことでその可能性を復活、あるいは広げていくことができるのがM&Aの大きな魅力なのです。

株式価値がつかないという先入観の壁

これまでお話ししてきた通り、国内外における国際競争の激化、そして日本の人口トレンドによるマーケットの縮小により、1社だけで未来に大きな夢を抱くことは難しい時代に突入しました。

それどころか、後継者の不在により多くの企業が存続も危ぶまれる状況にあることは、既にみなさんも十分にご承知のことと思います。

その状況を打開する策としてM＆Aをご提案すると、多くの経営者は「本当にうちの会社が売れるの？」と半信半疑でおっしゃいます。

私たちが手がけている例では、だいたい純資産3千万円くらい、営業利益が1千5百万円くらい、社長さんと社員が3〜4名程度の規模の会社が1億円くらいで売買成立というケースが多いのです。

M＆Aというともっと大きな規模をイメージするかもしれませんが、メディアで報道されないため一般にはあまり知られていないだけで、このような規模のケースはよくあります。それくらい、M＆Aが世間に浸透してきているという証拠かもしれません。

また、「ほとんど利益も出ていないし、純資産もあまりないから無理だ」と思われる方もいらっしゃるかもしれませんが、そんなことはありません。

それは、M＆Aに際しての株式評価の考え方にあります。赤字や債務超過だからといってM＆Aによる引き継ぎができないとは限らないのです。

評価の仕方については後の章で詳しく説明しますので、ここでは簡単な説明にとどめておくという前提でお話ししておきます。

私たちのところへご相談にいらっしゃるオーナー経営者さんの多くは、事業コストの公私の区別が曖昧になっているように見受けられます。

M＆Aにおける株式評価の際には、それを企業評価による修正後ベースの純利益として評価します。

これを行うと、たいていの企業は価値が大幅に向上します。その状態であれば、基本的にはM＆Aが可能です。

もちろん実際に譲受先が見つかるかは経営方針や企業カルチャーといった面があるためまた別の話ですが、少なくともその資格はきちんとある、ということをここでは理解してもらえればと思います。

関係者全員を幸せにするM&A

ここで冒頭のご婦人の相談に話を戻しましょう。

ご主人亡き後、地方の自動車教習所の経営者として7年間頑張ってきた80代の女性でした。この女性と会社は、その後どうなったと思いますか？

女性の話を聞いた限りでは、決して積極的に廃業の道を選びたいと思ってはいないようでした。

そこで、ご主人の思いをつなぎ、従業員の雇用を守るためのM&Aを考えてみてはどうかと提案してみました。

女性は最初、「うちの会社を乗っ取られてしまうのではないか」と抵抗感を示しましたが、丁寧に説明を進めるうちに、「廃業するよりはすべての人にとって良い選択肢になるかもしれない」と考えられるようになりました。

そこで当社にお任せいただく形で、M&Aという選択肢を真剣に検討することとなりました。

さまざまな事前準備、譲受先となる相手企業探しを経て、候補として挙がったのは少し離れた地方都市で同じく自動車教習所を経営する会社。

少子化と若者の車離れから年々縮小するマーケットの中で安定した利益を生み出しており、売り先としては頼もしい限り。

あとは譲受先の経営者の意欲が課題です。

相手先のオーナーは、当初は買収にそこまで積極的ではありませんでしたが、交渉の段階で女性経営者の真摯な姿勢と必死さに心が動いたようでした。

もちろん、地域密着経営で長年培ってきた地域の学校との絆や盤石の知名度、ベテラン指導員と事務員の存在は大きな売りポイント。

業績アップに向け新たなニーズの掘り起こしに関する戦略は必要なものの、大きな経営改革は不要とのことで、手堅く自社の企業規模の拡大につながると考えたようでした。

大幅な利益の増大を目的とはせず、「同業者を助けるくらいの気持ちで買いたい」

と相手先から意思評示があり、女性ももちろんそれに不満を示すことはありませんでした。

M&A成立後はグループ会社化を経て、本社から派遣される数名の若手従業員が地域のニーズの掘り起こしとして未開拓な法人・学校への営業を行うことになりました。しかし通常の業務においては、これまで通りの運用方針で行われ、もともとの従業員の雇用も守られています。

買収金額自体は大きなものとはなりませんでしたが、譲受企業の経営者の意向で、女性へは退職金という形でこれからの生活に困らないだけの金額が支払われました。

これを機に女性は無事に経営から退くことができたのです。

もともと赤字ではありませんでしたから、本社から派遣された若手社員の活躍により、その後はさらに安定した利益が生まれるようになりました。

経営上、資本が移動しただけで、看板もそのままです。従業員の雇用も、地域の利用者も守られた点はまさに事業承継としてのM&Aのメリットを体現したような案件でした。

地域の住民も今まで以上に安心して通っており、「亡き夫への面目が立った」と嬉しそうに話す女性には、心からの笑顔が戻りました。

このケースは、女性が経営する会社がもともとある程度の安定した利益を出していたこと、そして経営者自身が高齢とはいえ元気なうちに相談してくれたことが重要な勝因でした。

以上のようにM&Aと言っても資本が移動する以外に大きなデメリットはありません。一方で従業員の雇用の維持や取引先との関係維持といった大きなメリットを享受することができるのです。

また、後ほど説明しますが、M&Aの完結には最低でも半年、通常およそ1～2年はかかりますので、経営者に健全な判断が可能なうちでないと難しいのです。

逆を言えば、

・経費を整理した状態で少しでも利益が出る可能性がある

・経営者の引退までまだ猶予がある

という2点さえ満たしていれば、かかわるすべての人が幸せになれるM&Aが成立する可能性は高いということです。

少しでもM&Aの可能性を感じていただくことはできたでしょうか?

どうか、M&Aへの先入観や思い込みによって、大切な自社を簡単に廃業しないでください。諦めるのはまだ早いかもしれないのですから。

PART2からは、概念や仕組みの部分も含め、M&Aについてわかりやすく説明していきたいと思います。

PART 2

30分でわかるM&A

1　M&Aとは何か？

M&Aの定義

あらためて、「M&Aとは何か」という基本的なところから説明していきます。

M&Aとは、「Mergers（合併）and Acquisitions（買収）」の略。会社同士が合併したり、どちらかがどちらかの株式を買いグループ会社化したりすることです。

……というのがファイナンス的、ビジネス的な定義ですが、ひらたく言えば、子どもや親族以外の第三者に事業と資本を承継してもらう手段と考えてもらえばわかりやすいでしょう。この際、もとのオーナー、家族、従業員、取引先など、かかわるすべての人を幸せにすることのできる相手先に託すことが大前提です。

現代のM&Aは、社会的な要因により1社だけでは解決できなくなった問題を、他社と手を組むことで克服し、創業者の思いを承継しながらかかわるすべての人を幸福にするための手段なのです。

M&Aの目的は大企業と中小企業とで異なる

テレビや新聞などで話題になるような大企業同士のM＆Aは、後継者不在によるものというよりはビジネスの側面が強いものです。

大手証券会社や外資系の投資銀行がリードする形で、扱う金額も億・兆円単位。大企業内にはM＆Aを担当する専門部署もあるほど、ビジネスの面で欠かせない手段でもあります。

読者のみなさんが「M＆A」という言葉を聞いてイメージするのは、こちらのタイプだと思います。

一方、私たちが対応しているような中小企業の例は、事業の承継がいちばんの目的です。目的が違えば、M＆Aの方法も進め方も異なります。

みなさんがこれまで抱いていたM＆Aへの漠然とした「悪い」イメージを少しずつ

でも払拭することを目指しつつ、この本では中小企業、特にオーナー企業が行うM&Aを想定して解説していきます。

会社を譲り渡すメリット

「会社を譲り渡す（売る）」とはいったいどういうことでしょうか。

「売る」という言葉の裏には「利益を得る」という目的が自然と想像されてしまいます。

しかし会社はモノではありません。

設備や不動産などの財産はともかく、事業自体やそこで働いている人を〝売り物〟にするような印象を想起させやすい点が、会社を売ることへの抵抗感を増してしまうのかもしれません。

ちなみにM&Aにおける会社の売却のパターンの多くは「株式譲渡」です。

わかりやすく説明しましょう。

オーナー企業であるA社には後継者がいません。そこで第三者であるB社のグループ会社となり、経営陣を派遣してもらってA社を継いでもらうことにしました。

A社の株式を持っていたオーナーは、株式のすべてをB社に売却することでグループ会社化が成立します。あくまで売却するのは株式であって、株式の所有権、すなわち経営権です。

そのため、株式の所有者と経営権がB社に承継されるだけですので、A社の法人格はそのまま維持され、事業自体や従業員も含め、A社の資産と負債の権利と義務はA社のままです。

A社のオーナーからB社へ、株主としての権利が移り、経営権もB社に移ることによって、A社のすべてが円滑に承継されるのです。

さて、この売却の目的は株式を売却した金銭だけでしょうか？

もちろん、引退後のオーナーの生活資金やこれまでの働きの労《ねぎら》いとしての意味合いはあるかもしれません。

しかし、目的は「会社を存続させることで事業と従業員とを守り、オーナーの意思をつないでもらうこと」、そして「オーナーが平和的に引退すること」なのです。

会社を譲り受けるメリット

一方、「会社を譲り受ける（買う）」方はどうでしょうか。

先ほどの例で言うB社のことです。B社がA社を買う目的は、およそ次のようなものが挙げられます。

- 企業規模の拡大によるスケールメリットの獲得
- B社に不足する技術やノウハウの獲得
- 得意先や取引先の拡大
- 新規事業における各種の手間や時間の効率化
- 事業継続計画などのリスク分散
- 熟練の従業員

いずれにしろ、成長戦略の一環です。

スピード勝負のビジネスの世界では、ここで挙げたような目的を自社だけで遂行するのはたいへん非効率かつ困難。資金を用意できる体力さえあれば、M＆Aという手段を利用することで飛躍的な成長を実現することができるのです。

「売る」と「買う」の両側の意識を確認したところで、注意しておきたいのはA社とB社の意向のすり合わせです。


B社がビジネスの拡大のために買収をするのに対し、A社の目的は人道的な意義を多分に含んでいます。

M＆Aが成立した後、A社が望む会社経営の方針や従業員の待遇についての条件をB社がきちんと遂行してくれるような契約の結び方、交渉の仕方がたいへん重要です。

そのためにも、A社とB社の双方にメリットが生まれるような精度の高いマッチングが必要となります。

これらについての具体的な注意点や方法などは、また後ほど説明していきます。

2　M&Aの流れ

M&Aはどのように進めていくのか

　ここからはM&Aの進め方について理解していきましょう。

　ほとんどの中小企業の経営者にとって、M&Aは最初で最後の大仕事です。後悔のない幕引きにできるよう、スムーズかつ慎重に進めていきたいところです。

　当社が仲介した場合、M&Aがどのような流れで進んでいくのか説明します。

　M&Aの手順は、大きく分けて「検討」「交渉」「最終契約」の3つのフェーズに分けられます。

　順調に進んだ場合、当社では通常6ヶ月～1年を想定しています。長いケースだと

M&Aの手順

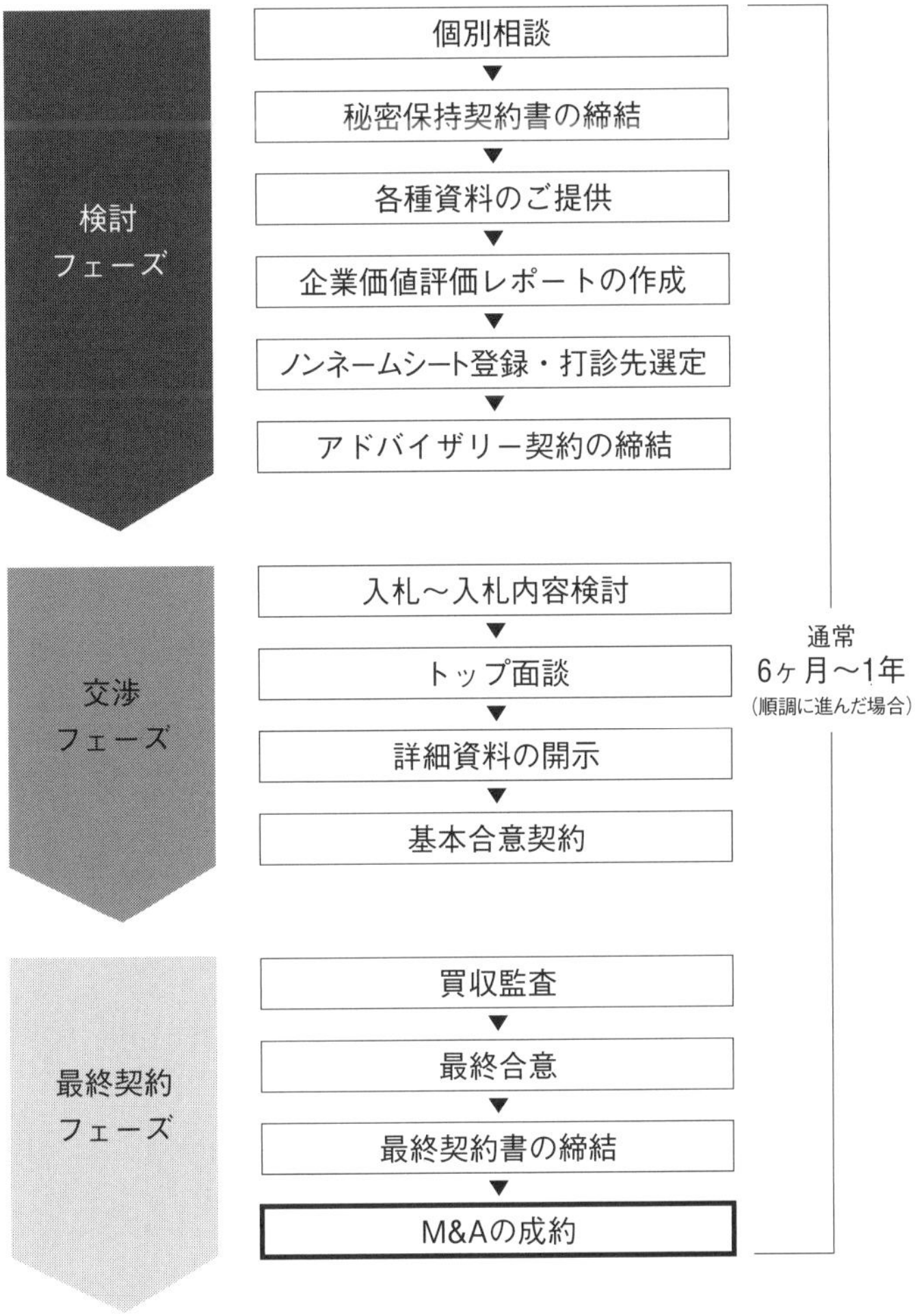
検討
フェーズ
個別相談
秘密保持契約書の締結
各種資料のご提供
企業価値評価レポートの作成
ノンネームシート登録・打診先選定
アドバイザリー契約の締結
交渉
フェーズ
入札～入札内容検討
トップ面談
詳細資料の開示
基本合意契約
最終契約
フェーズ
買収監査
最終合意
最終契約書の締結
M&Aの成約
通常
6ヶ月～1年
（順調に進んだ場合）

2年くらいかかることもあります。

すべての工程において、専任のアドバイザーが付いて随時、適切な助言やサポートをしながら進めるので、専門的な知識がない場合もまったく問題はありません。

「検討」フェーズ

引き続き、売却を検討している企業（譲渡企業）をA社、買収を検討している企業（譲受企業）をB社とします。

M&Aとはつまり、譲渡企業と譲受企業とのマッチングに尽きます。

A社がどのような形や内容で譲渡したいのかを明確にし、希望に合った譲受先を探します。

そのためにA社の状態や資産状況、価値を客観的にまとめることを「案件化」といいます。「検討」フェーズとは案件化のための段階です。

最初の面談ではどのような事業をしている会社なのかについてお話を伺います。具体的には会社の経営方針や業績、会社の歴史についてなどです。その際にM&Aにご興味をお持ちいただいた背景もお伺います。

2回目には財務諸表をはじめとする各種の資料をご準備いただき、秘密保持契約書を交わします。

3回目では各種資料の内容や会社の状況について細かくヒアリングさせていただき、4回目ではそれを元に作成した企業評価レポートと打診先候補企業について説明を行います。

レポートの内容やおおよその見込み価格についてA社にご納得いただければ、ここで正式にアドバイザリー契約を結びます。

それぞれの内容をもう少し細かく説明しておきます。

・秘密保持契約書締結

会社の売買というたいへんデリケートな内容を扱うため、情報の漏洩に関しては終始徹底して気をつける必要があります。そのため、まずは最初に当社と秘密保持に関する契約書を交わすところからスタートします。

・各種資料のご提供

財務諸表をはじめ、決算・申告関係、契約関係など、A社の状態を把握するための資料をご用意いただきます。

このとき、M&Aを検討していることが社内や金融機関等に広まってしまわないよう、「中期計画を立てるため」「相続対策のため」などの名目で依頼するとよいでしょう。

・企業価値評価レポートの作成

ご用意いただいた資料やアドバイザーによるヒアリングを通じてM&Aの目的や条件を具体化し、「A社がいくらで売却できるのか」という企業評価も行います。評価の方法については後述します。

・ノンネームシート登録・打診先選定

企業評価レポートの内容やおおよその価格が固まったら、A社の概要をA4用紙1枚程度にまとめた簡単な資料（「ノンネームシート」と呼びます）と、これを数十倍詳しくした資料である「企業概要書」を作成します。

さらに、相手先の候補企業をリストアップします。当社では随時、M＆Aで事業を拡大したいなどといった買収ニーズを広く収集しています。これら以外にも幅広く情報を収集、分析しており、これらをベースに業種や事業内容、企業規模、エリア、財務状況などを参考に、最初はだいたい30社程度を挙げます。

この最初のリストは「ロングリスト」と呼ばれます。ロングリストの中に、A社の競合会社や取引先など提案を希望しない先が含まれていた場合は対象から外します。要はA社に候補先を選んでもらいながら安全に進めていくことになります。

・アドバイザリー契約の締結

ここまでの過程を経て、M＆Aへの意思が固まったら、正式にアドバイザリー契約を締結します。アドバイザリー契約の内容は、M＆Aの案件の検討について、秘密保持などM＆Aを安全に進めるためのルールが謳われています。

ノンネームシート

事業内容	：	調剤薬局
地　　域	：	○○地方
店 舗 数	：	約○店舗
従業員数	：	約○名
売　　上	：	○○億円以上
利　　益	：	黒字
スキーム	：	株式譲渡
譲渡理由	：	後継者不在
譲渡条件	：	別途協議

（注記）上記情報は、当該企業からのヒアリング・関係資料の調査により、
第一次情報として弊社がまとめたものであり、精査の結果、上記と異なる場合もございます。

「交渉」フェーズ

打診先の候補としてリストアップした企業へ実際に話を持っていき、本命の相手企業を絞り込むためのフェーズです。

実際に話を持っていくのはだいたい5～10社、少なければ2～3社です。最初はノンネームシートを使い匿名で打診し、相手企業から「具体的に話を聞きたい」という反応があれば詳細情報を開示します。

話が進んでいけばお互いの社長同士が直接顔を合わせる「トップ面談」を実施。面談まで行うのは多くても2～3社、1社あたり1～2回程度が一般的です。

・入札～入札内容検討

ロングリストに挙げた企業への持ち込みの可否と優先順位をA社に判断してもらい、そのリスト（「ショートリスト」）に沿って打診を開始します。

アドバイザー目線で「ここに買ってもらいたい」という企業に打診をすることもないわけではありませんが、原則的には、買収を希望している企業に声をかけるのが一般的です。

・トップ面談／会社訪問など

秘密保持契約を交わし詳細情報を伝えた企業と、譲渡の希望条件、価格、スケジュールなどの交渉を行います。

交渉はアドバイザーを介して行いますので、お互いが遠慮することなく聞きたいことをしっかり確認し合うことが肝要です。お互いの会社や工場・店舗などを訪問し合うこともあります。

M&Aはよく結婚に例えられるように、条件だけでなく企業風土や文化、相性といったフィーリングの部分も大切。面談を行うことで相手の企業をより的確に把握することができるのです。

詳細資料の開示や会社訪問、トップ面談を経てあらためて確認したい内容が出てきた場合、アドバイザーを介して確認し合います。

お互いにある程度の理解を得たうえで絶対に譲れない部分と譲れる部分とを整理し、それに基づいて条件の交渉を行うことが重要です。具体的に何を重視したいかを整理するうえではM&Aアドバイザーを活用し、議論を行いながら整理を進めていくことをお勧めします。

・詳細資料の開示

ノンネームシートで相手の反応を確かめ、好感触であればさらに詳しい内容を網羅した「企業概要書」を用いて情報を伝えます。

その際は当然、相手先の企業とも秘密保持契約を交わします。

・基本合意契約

A社の希望条件をふまえて、譲受企業がどのような形で受け入れを行い、事業を展開していくかの方向性を固めます。

この内容にA社が納得すれば、最終契約に向けてラストスパートです。

これまでのやりとりを通じてお互いに前向きにM&Aを進めようとの意思が固まれば基本合意の契約を結びます。

これはいわば仮契約のようなものですが、対象は1社のみ。

「最終契約」フェーズ

ここまでのやりとりは2～3社と並行して行いますが、先のフェーズで示された譲受企業での方向性を見て、最終的に話を進めたい企業を1社に絞ります。

この1社と基本合意の契約を結び、以降、最終契約に向けてさらに細かいやりとりに進みます。

当社のアドバイザーが専門知識を提供し、リスクヘッジしながら細かい諸条件を詰めていき、双方がすべての点で合意に至るまでサポートします。

そして、最終契約の調印式では両社のオーナー同士がしっかりと顔を合わせ調印と決裁をします。滞りなく進めばM&Aが成立します。

・買収監査（デュー・デリジェンス）

買収監査とは、A社が開示してきた情報が真に正しいかどうか、B社側で実態を調査する工程です。

財務・法務・労務・営業状況などのあらゆる面において、会計士・税理士や弁護士などの各種専門家が間に入り、徹底的な調査を行います。

・最終合意

買収監査の結果、A社が事前に伝えていた内容と異なる事実があった場合、それをふまえ、譲渡価格も含めた詳細条件をあらためて調整します。

・最終契約書の締結

条件調整が完了し、A社とB社の両方がその内容に合意すれば、晴れて最終契約に向けた契約書を作成。

これまで調整してきたすべての条件と、譲渡後に問題が発生した場合の対応策など、あらゆる事項が盛り込まれ、法的な手続きに沿って最終契約が結ばれます。

・M&A成約
最終契約通りに取引を実行します。日時を決めて金銭や株券の受け渡し、登記の変更などを行います。国同士の条約の調印式のように、2社でM&A成立の契約式・調印式を行います。

大事なのはM&Aが成立した後

M&Aのだいたいの流れは把握できたでしょうか?

たくさんの煩雑な手続きと長い時間とをかけて成立したM&Aですが、実はその後が本番と言っても過言ではありません。

なぜなら、先に述べたように「現代のM&Aは、社会的な要因により1社だけでは解決できなくなった問題を、他社と手を組むことで克服し、創業者の思いを承継しながらかかわるすべての人を幸福にするための手段」だからです。

形式としてM＆Aを成立させることがゴールではありません。
引退する経営者本人、従業員、売却先の企業、そしてお互いの取引先のすべての人たちが幸せになれるかどうかは、M＆A後の統合にかかっています。

「PMI」という言葉があります。これは「Post Merger Integration」の略で、M＆A成立後の経営統合における過程や各種の作業のことを言います。

2つの企業が統合し、シナジー効果を活かしてお互いにどのように発展していくかのマネジメント全般を指す言葉ですが、M＆Aが成功したかどうかの判断において重要な役割を担っています。

本来は譲受企業が責任を持って実行する立場にあります。

しかし、自社と従業員の未来を考えれば、PMIをうまく行ってくれる相手先に自社を託したいと誰もが思うでしょう。PMIの概念を理解し、理想的な相手先を見つける参考にしていただければと思い、ここで説明いたします。

M&Aの成立後に行うことは主に次のような内容です。

●各方面への公表（「ディスクローズ」と呼ばれます）

・従業員
・取引先
・金融機関
・新聞など各種報道機関（未上場企業のM&Aではほとんど報道機関には公表しません）

●各種の引き継ぎ作業

・前社長の各種連帯保証の解除切替手続き
・賃貸借物件の契約変更
・金融機関との折衝
・外部の顧問、主要取引先などへの挨拶まわり

●フォローアップ
・従業員の不安感やモチベーションのフォロー
・統合した2つの会社同士の人事交流の機会を設定

情報の漏洩がM&Aの破談を招くことは往々にしてあります。ですからほとんどのパターンでは、従業員をはじめとした内輪に対する公表もM&A成立後に行われます。

ただし、M&Aの種類として「事業譲渡」というスキームを使う場合は、従業員の転籍の同意が事前に必要となるため、契約の効力発生までに行います。

従業員への発表は、会社の規模や従業員のタイプに応じて慎重に行う必要があります。中には「○○社長だからついてきたのだ」「つまり私たちは捨てられたということ？」と考える人もいるかもしれません。うまくフォローできなければ大量退職という最悪の結果を招きかねません。

従業員がメディアや人づてでM&Aを知ることになっては、旧経営者や統合先の企業への不信感を煽ってしまいます。調印式が終わり次第すぐに説明会を行うのが好ましいでしょう。

その際、M&Aの意図や今後の会社の展望を明確に伝え、経営者からの気持ちを誠実に話してください。一般的には同じタイミングで譲受企業の経営層からも同時に今後の経営方針や従業員の処遇について説明を行っていただくことがほとんどです。

取引先への公表も従業員と同様に慎重かつ計画的に行います。特に重要な取引先から優先して行い、次に仕入れや外注先、金融機関にも漏れなく報告しましょう。

M&Aで事業をそのまま引き継いでもらうことが基本ですので、これまでと変わらないお付き合いを続けられる旨をしっかりと伝えます。

ちなみにM&Aが成立した後、旧経営者がすぐに引退するケースはほとんどありません。

従業員のモチベーションや取引先との関係構築の面でも不安が残るため、譲受企業としては少しでも長く残ってもらいたいと望むことがほとんどです。

この場合、会長職や顧問職等の役職を設け、期間を決めて一定期間残留します。期間は最低でも半年、だいたい1年前後のところが多くなっています。

これらの統合の過程をスムーズに進めるためには、譲渡企業と譲受企業の両社による事前の準備が欠かせません。

たとえば、このようなことを意識し、調整しておくことが大切です。

- 統合の目的を明確化
- 従業員を引き継ぐ場合、その処遇とマネジメント方法
- シナジー効果の具体的な内容と見込みの算定
- 引き継ぎ期間とその内容
- 統合にまつわるトラブルの想定とその対応策

PMIがうまくいけば、両社のこれからの未来は明るく開けます。旧経営者が叶えられなかった夢を新体制にて実現できる日も近づくことでしょう。

M&Aにおける相手探しの考え方

Ｍ＆Ａが成立するまで、そして経営統合の流れを理解したところで、次は相性の良い相手企業の探し方と考え方についてお伝えしたいと思います。

Ｍ＆Ａの真髄は譲渡企業と譲受企業のマッチングに尽きるとお話ししました。スムーズなＰＭＩが望める相手先との関係を築くには、ふさわしい相手を見極める目が必要です。

相手探しの工程において、基本的にはアドバイザーが作業を行いますが、打診の優先順位づけや最終的な決定権は譲渡企業のオーナーにあります。

Ｍ＆Ａにおけるマッチングの考え方、アドバイザーがどのような観点で相手企業を選別しているのかを把握しておけば、よりスムーズに作業を進めることができるでしょう。

繰り返しになりますが、Ｍ＆Ａの最終目的はその実行ではなく、成立後の両社の統合を円満に進め、お互いにシナジー効果を挙げより良い発展を遂げていくことです。

つまり、お互いにとってメリットのある相手企業を探す必要があります。

アドバイザーはロングリストを作る際、次のような観点であらゆる譲受企業を検討します。

・同じエリアの同業者
・業界の関連企業（商流の川上・川下、業界の縦軸・横軸・斜め軸）
・異なるエリアの同業者
・（他業界で）似た顧客層を相手にしている企業

加えて、会社やアドバイザーのこれまでの経験による独自の切り口や内部情報、各種機関からの情報をもとにリストが作られます。

自分より規模の大きな会社に自分の会社が本当に売れるのかどうか、なかなか不安を拭い去ることができないかもしれません。

しかし当社のアドバイザーは多くのM＆Aを成立させてきた百戦錬磨のトッププレイヤーばかり。経営者自身では気づかなかったような自社の魅力をより活かしてくれる相手先をきっと見つけてくれるはずです。

相性の良い相手企業をどう見つけるか

さて、ロングリストができあがったら、次は打診の可否と優先順位を付ける作業を行います。

その際には次のようなポイントを意識するとよいでしょう。

・業界や地域での評判
・企業風土や文化の相性
・エリア

「実は経営に苦しんでいるらしい」「二代目を継いだ息子と従業員のウマが合わず揉

めごとが絶えない」など、表面上はうまくいっていてもその内情はなかなかわからないもの。

情報の信憑性は判断するとしても、業界や地域での噂や評判はおろそかにできません。

また、M＆A成立後のスムーズな統合を考えると、社風や文化といったものの相性はとても重要です。企業の規模や事業内容などの条件面だけで判断するのは危険だということを念頭に置いておきましょう。

中にはプライドの面で「同じ業種の会社や未上場の会社には売りたくない」と思われる方もいらっしゃるかもしれません。

その場合、遠く離れたエリアであれば心証も違うはずです。同じエリア、離れたエリアのそれぞれにメリットとデメリットがありますので、頑なにどちらが良い・悪いとこだわるのではなく、両者とも十分に検討するべきです。

相手選びは経営者とアドバイザーの両者それぞれの独自の視点を活かして行います。

M&A業界は長くアナログな手法を用いて企業と企業とのマッチングを行ってきました。当社ではその選択肢をさらに広げるために、「FUNDBOOK」(ファンドブック）というインターネット上でM&Aをサポートするサービスをスタートしています。

私は金融業界への経営コンサルティングとIT業界の両方に身を置いた経験から、M&Aの世界に金融ITの技術、つまりフィンテック（「ファイナンス」×「テクノロジー」の造語「ファイナンス・テクノロジー」の略）の概念を応用することを思いつきました。

これにより、これから変革の時代を迎える日本企業において必須となるであろうM&Aをより活発に、そして譲渡企業にとってよりメリットのあるM&Aが実現できると考えたのです。

このプラットフォームを利用することで、先に紹介したM&Aの手順の最初のフェーズである「検討・準備」の段階を大幅に簡略化・効率化できます。

というのも、売却を検討する企業がこのプラットフォームに登録し、自社情報を入力しておくと、より好条件で譲受を希望する企業から打診が入り、よりスムーズに幅広い業種とエリアの譲受希望企業からのオファーが見つかるという仕組みになっているからです。

これは当社の実績から醸成したビッグデータの活用や、独自のアルゴリズムやセグメントの設定といった特徴だけでなく、入札式による価格の最大化を実現することで相手先企業の候補が格段に増えることが、その大きな理由です。

経営者自身とアドバイザーだけでは思いもつかなかったような相手先から譲受希望の手が挙がることで、M＆Aの可能性は従来に比べ大幅に広がります。

たとえば多角経営を狙い、本来の事業とはまったく異なる分野の会社の譲受を希望している企業も対象となるということです。

そして何より、インターネットを介することで日本全国、ひいては世界中の企業がその対象となるのはたいへん大きなメリットです。

M＆Aにおける相性のいい相手探しは、

・仲介会社とアドバイザーの独自の情報網と経験
・業界における長年の経験による経営者自身の判断力
・「譲渡企業」「譲受企業」のマッチングの可能性を広げるプラットフォーム

この3つの掛け合わせによって、最大限の可能性が開けると考えています。

相性を見極める！　トップ面談のポイント

「ロングリスト」から2〜3社に絞られた「ショートリスト」に沿って、アドバイザーが打診を行い、色よい返事があった企業との交渉が進んできたら、トップ同士が顔を合わせる「トップ面談」を行います。

面談で確かめたいのは、〝細かな条件面と感覚的な相性〟です。

オーナーの性格は企業の体質そのものと言っても間違いではありません。直接会って話をすることで、相手の人となりや企業の性質を理解できます。

面談ではお互いの会社についての自己紹介や質疑応答を行います。どのような思いで創業したのか、どのようなことを目指して経営してきたのか等々。企業同士のやりとりであるM＆Aにおいて、トップ面談は経営者という「一人の人間」としての交流の場です。

面と向かって条件面の話はしづらいので、交渉の場とはとらえず、あくまでトップ同士の思いを伝え合う場として活用しましょう。

一度会っただけではなかなか打ち解けられるものではありませんから、二度三度と機会を設けることもあります。

面談の後に夫婦同士での会食の場を設けてもよいでしょう。

お互いに会社や店舗・工場等を訪問し合うのも良い方法です。アドバイザーに遠慮なくその旨を伝え、場をセッティングしてもらいましょう。

なお、譲渡側から見て、トップ面談においてチェックしておきたいポイントは次のような点です。

・誠実な態度、話しぶり
・創業や経営の理念に共感できるか
・従業員を幸せにしてくれそうか
・会社としての未来のビジョンを共有できるか

感覚的な相性だけですべてを決めてしまうのもよくありませんが、M&A成立後のPMIを考えると、人を見る目に優れたオーナーの感覚は重要です。条件面とのバランスを意識しながら判断したいところです。

最後の難関「デューデリジェンス」を乗り越える

トップ面談やお互いの会社訪問を経て「基本合意/意向表明」までたどり着いたら、

M＆Aの成立まであと一歩。

ここで最後の難関ともいうべきビッグイベントが発生します。

「デューデリジェンス」とは買収監査を指します。

これは譲受企業が主体となって行うことではありますが、譲渡企業の準備不足によって交渉が決裂するケースも少なからずあります。

心の準備と問題発生の予防の意味をかねて、ここでもう少し具体的に内容を紹介しておきます。

M＆Aが成立した後の不具合の発生やミスマッチングを防ぐために実施されるのが「デューデリジェンス」。

ここまでのやりとりで伝えてきた資産と負債の内容、経営状況が実態を伴っているかどうか、専門家の手により詳細に調べられます。

たとえば「本当にこの不動産を所有しているの？」ということを、不動産の権利書などを参考に確認するのです。

調査にはおおよそ2～3日をかけ、税理士、公認会計士、弁護士などのプロが実態を調査します。

具体的に調査されるのは次のような内容です。

●財務／税務面

・粉飾決算ではないか

・帳簿類は完備されているか

・簿外債務はないか

●人事労務面

・規定は完備されているか

・給与・退職金等の支払いは適正か

・労働組合と争いになっていないか

●法務面

・訴訟のリスクはないか

・コンプライアンスは守られているか

・過大な保証債務は発生していないか

●ビジネスモデル／マーケット面

・利益を確保できるか

・取引先との関係は良好か

・事業を引き継ぐことが可能か

●経営面

・行政指導‐処分を受けたことがあるか、されるリスクはないか

・許認可を適切に申請し認可されているか、今後も維持できるか

●資産面

・在庫など資産の管理は適正か
・環境問題はないか

これらについて、事前に伝えていた内容と異なる点はないか、簿外債務はないか、その他想定しうるリスクはないかなど、それぞれの分野の専門家の目で精査されます。

一切のごまかしはきかないものだと思っていただいた方がよいでしょう。この買収監査をスムーズに終わらせるためには、相談の初期段階からアドバイザーに良いことも悪いことも全てをお話ししておくのが秘訣です。

また、この期間、外部の人間が出入りするのでM＆Aが社内の人間に漏れる危険性が高まるため、土日や祝日などを利用して行う場合がほとんどです。

なるべく短期間に済ますことができるよう、譲渡と譲受の両方の企業が協力し合い、スムーズに進められるよう努力します。

デューデリジェンスはたいへんシビアな作業ですので、譲渡側からしてみれば事前準備も含め、とてもストレスのたまるイベント。

しかし、M＆A成立後の両社の明るい未来のための最後の頑張りどころですし、あらかじめ準備をしておけば、そう大変なものではありません。

3　M&Aのしくみ

M&Aにはさまざまな手法がある

なんとなく「M&A」の全体像や流れがつかめてきたでしょうか?

実は「M&A」と一言で言っても、さまざまな種類や手法が存在しています。一つひとつを説明するとそれだけで一冊の本になるほど専門的かつ難解になってしまいますので、ここでは中小企業のM&Aでよくあるパターンのみをなるべくわかりやすく説明したいと思います。

まず、もっともよく利用されているのは「株式譲渡」という手法です。この章の「1 M&Aとは何か?」という項目の中で例に挙げたパターンです。会社全体をまとめて承継する方法です。

次に会社の事業のすべてを引き継ぐことを、両社が合意できないことがあります。たとえば1社の中で複数の事業を行っていた場合、「この事業は承継してもらいたいけどこの事業は自分のところに残したい」と譲渡企業が希望したり、「この事業は欲しいけどもう1つの赤字の事業の方はいらない」と譲受企業が渋ったりすることがあります。

その場合、特定の事業だけを切り分けて承継する「事業譲渡」というスキームが使われます。

この2つのいずれかで行われるのがもっとも一般的ですが、他にも方法があります。

M&Aと聞くと「合併」という言葉を思い浮かべる人も多いのではないかと思います。「合併」もM&Aの手法のうちの1つです。

譲受企業が譲渡企業の株式を持つ「株式譲渡」や一部の事業を引き継ぐ「事業譲渡」とは異なり、2つの会社が統合し、1つの会社となることを指します。

M&Aの手法

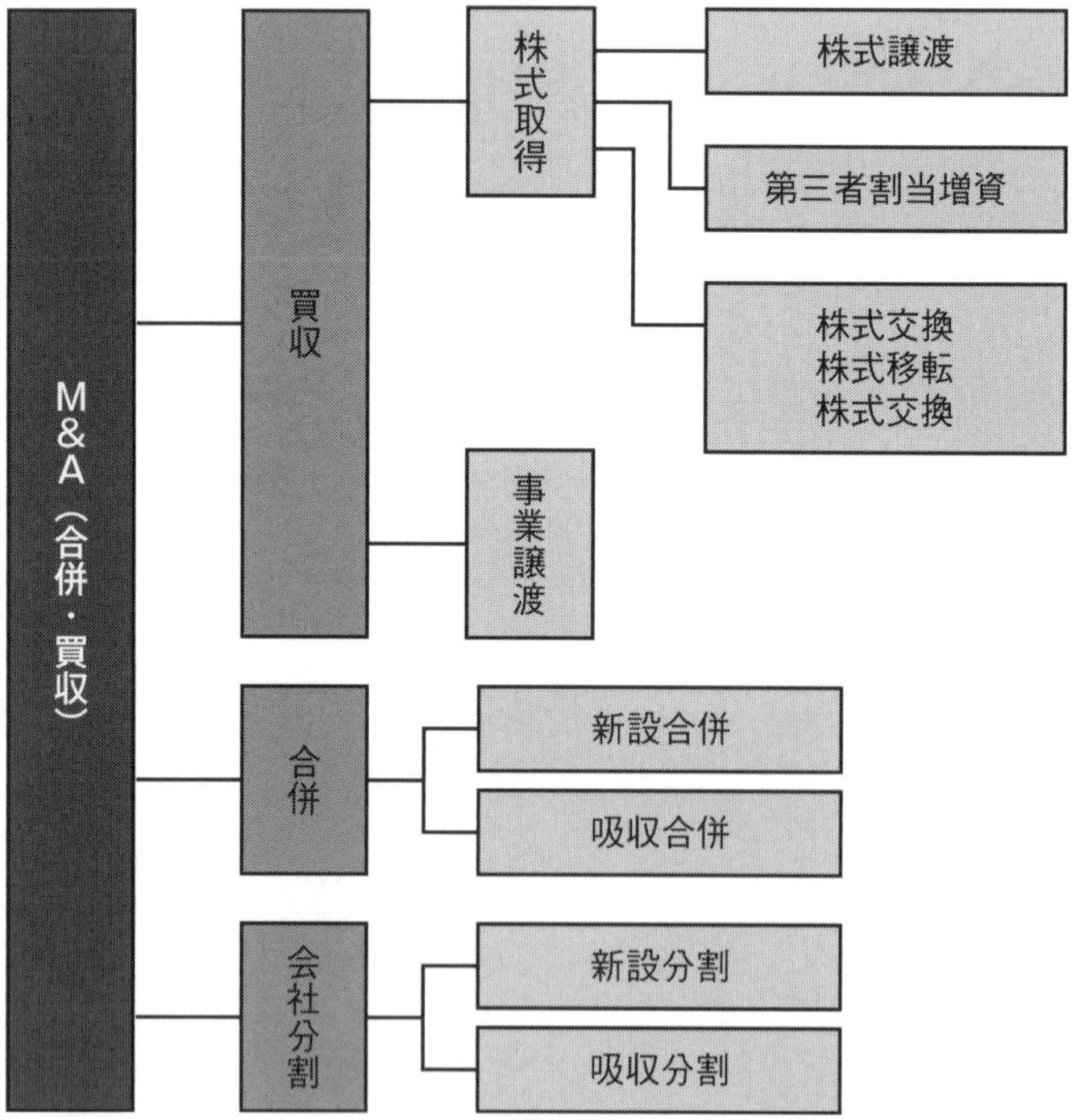

M&A（合併・買収）
買収
株式取得
株式譲渡
第三者割当増資
株式交換
株式移転
株式交換
事業譲渡
合併
新設合併
吸収合併
会社分割
新設分割
吸収分割

企業組織の再編のために使われる「会社分割」という手法も、近年ではM&Aに応用されるケースが増えてきています。企業内の特定の事業を分離独立させたり、別の企業に包括的に承継させたりするための手法です。

それぞれの手法についてもう少し解説していきましょう。

もっともポピュラーな「株式譲渡」

「株式譲渡」は、A社の株式をB社が取得することでA社の法人格をそのまま譲受します。株式と金銭のやりとりのみで、従業員や各種の契約、取引先、資産などA社の事業をまるごと承継できます。A社はB社の子会社となる形です。

シンプルでわかりやすく、中小企業のM&Aでいちばん多く利用されているパターンです。

株式譲渡のスキーム

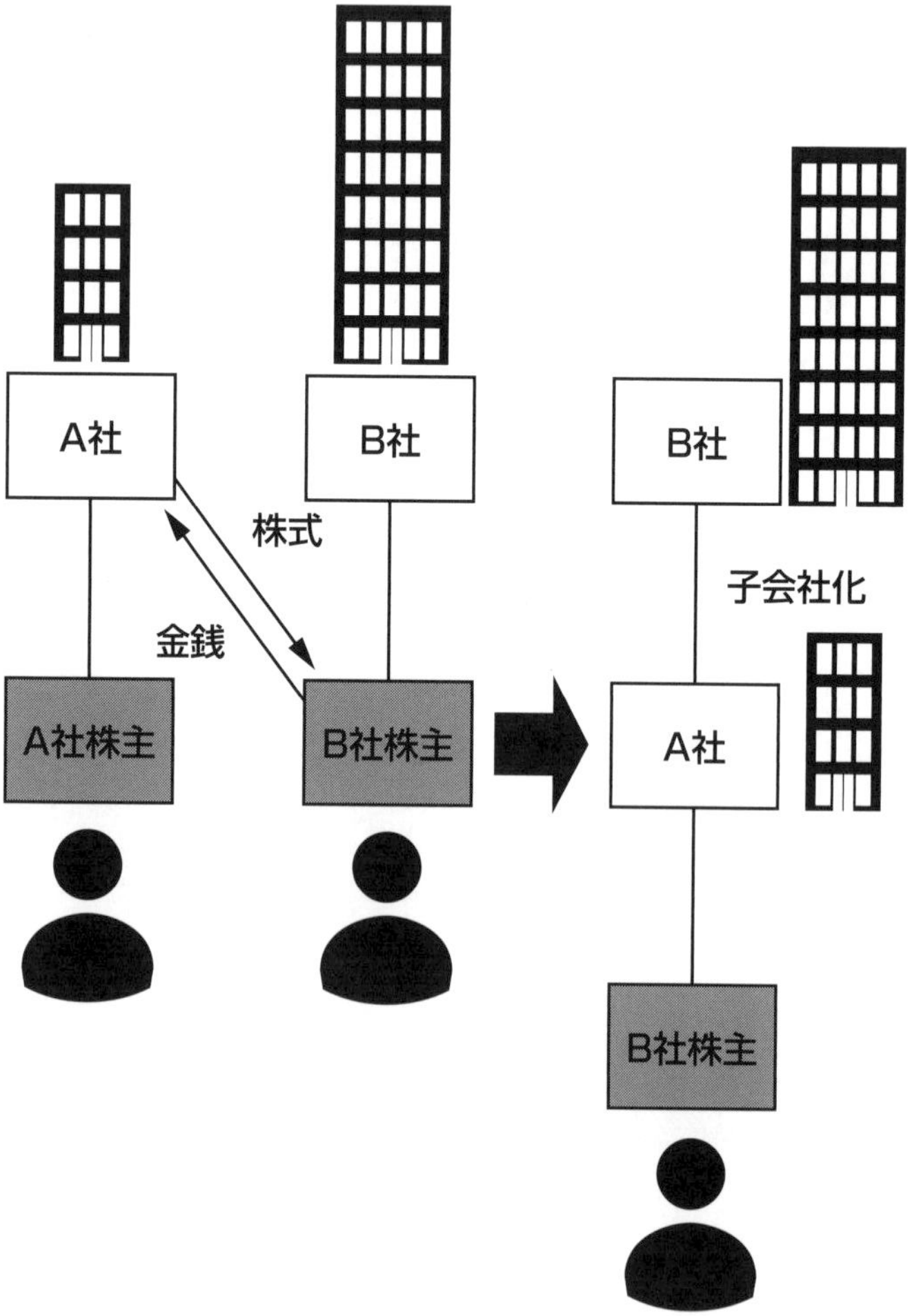

会社の負債もそのまま承継され、オーナーの個人保証も解消されるので、A社のオーナーは安心して引退できます。株式を譲渡した対価として受け取った金銭でその後も生活していくことができます。

ピンポイントで承継できる「事業譲渡」

「事業譲渡」は、A社の中の特定の事業を切り分けてB社に譲渡する方法です。

A社の事業の中に赤字の部門があってB社がそれを欲しがらない場合や、A社の経営者が一部の事業を続けていくために特定の事業だけを残したいと希望している場合などです。

「株式譲渡」では、A社の株式をB社が買い取ることで実質的に事業を承継しますが、「事業譲渡」の場合はA社の特定の事業をB社が吸収するというイメージです。

その対価はA社のオーナー個人ではなく、A社という会社に支払われることも大きな違いです。

事業譲渡のスキーム

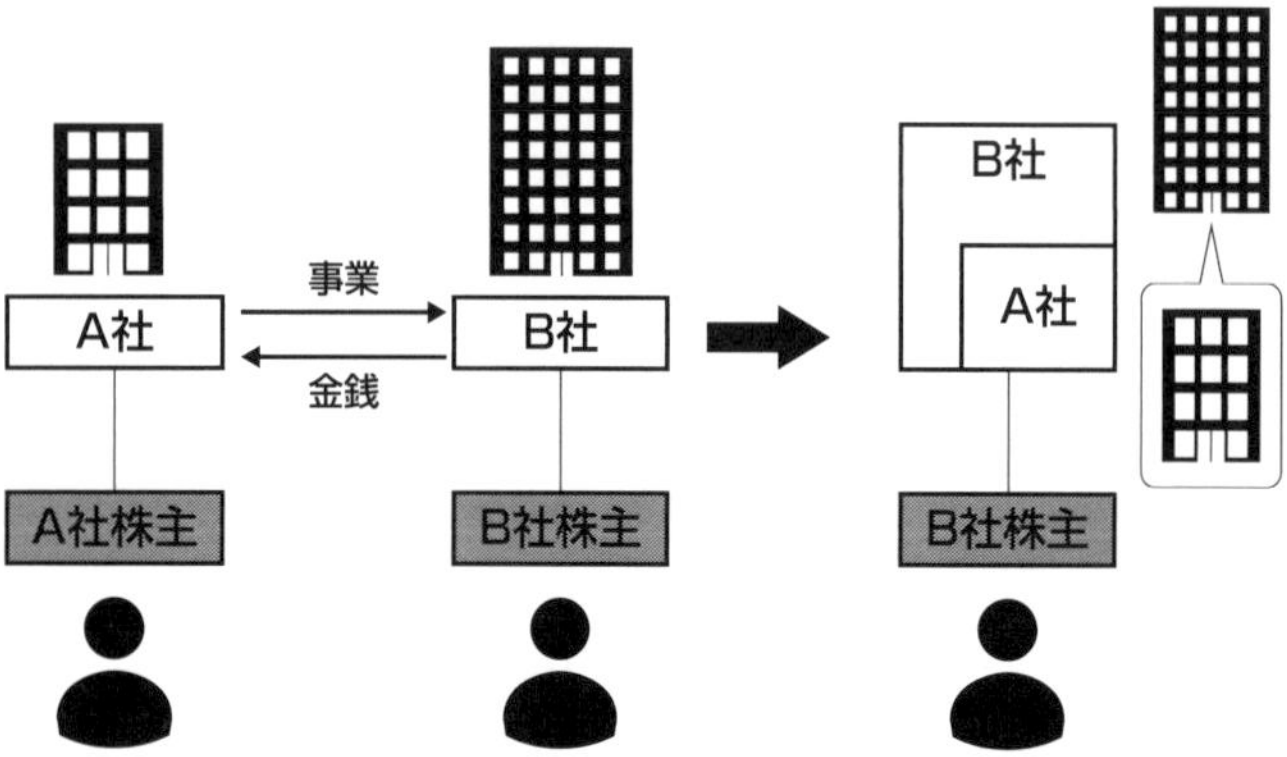

そのため、A社オーナー個人が金銭的な対価を得ようと思ったら、A社という会社から役員賞与や配当金といった何かしらの名目で受け取ることになります。

また、法人格の譲渡ではないこと、そして事業ごとの譲渡であることから、各種の契約の結び直しや従業員の再雇用などの必要が生じます。

「株式譲渡」よりも少し面倒な手間がかかってしまいますが、事業を切り分けることがM&A成立の条件なのであれば、検討の余地はあるでしょう。

こんな方法も「合併」「会社分割」

中小企業のM＆Aのほとんどは「株式譲渡」「事業譲渡」のスキームを使って行われますが、企業再編の方法としては「合併」や「会社分割」という方法もあるので参考までに少しだけ触れておきます。

「合併」は複数の企業を1つの企業に統合する方法です。

いずれか1社を存続会社として残し、吸収された企業は解散する「吸収合併」というパターンと、合併する企業すべてが解散して新しい会社を設立し、そこで統合する「新設合併」というパターンがあります。

「株式譲渡」のように事業にまつわるすべてが包括的に承継される点は便利ですが、譲渡企業のオーナーがその対価を得る手順も煩雑ですので、中小企業のオーナーが引退のために考えるM＆Aとしてはあまり活用されていないのが実態です。

「会社分割」も、譲渡企業のオーナーの引退のためというよりは企業再編の色合いが

合併のスキーム

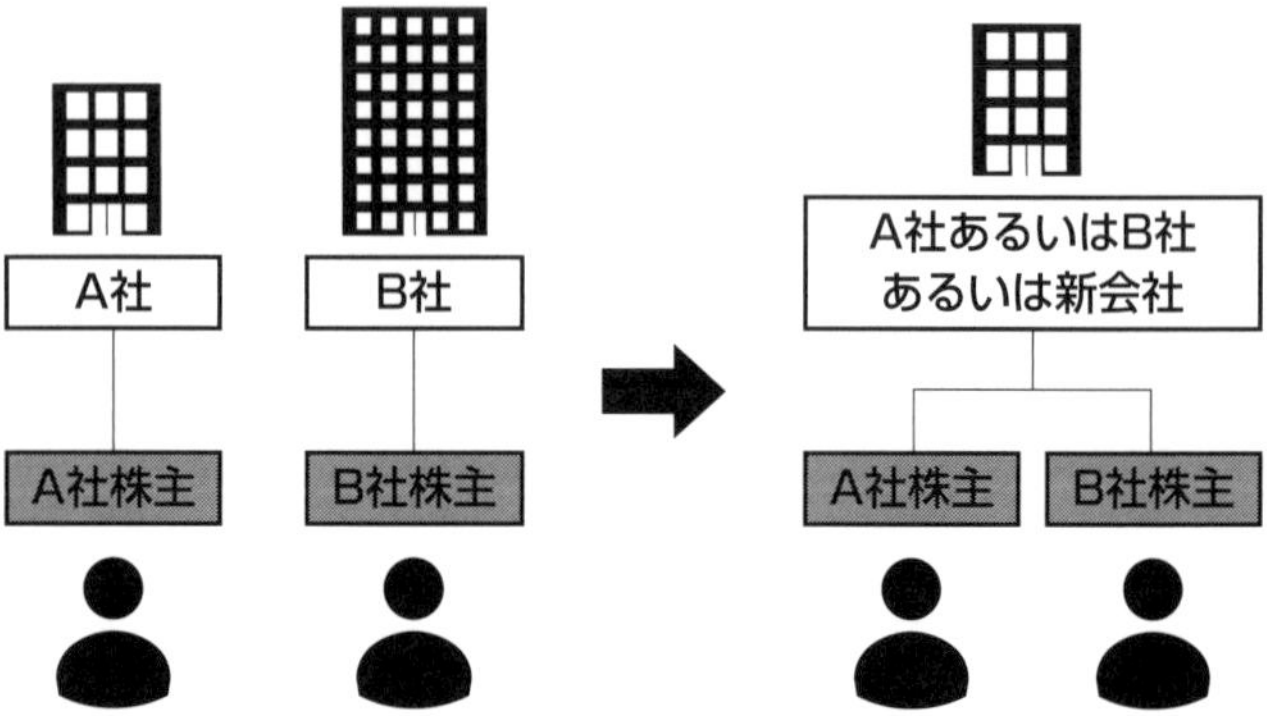

強い方法です。

1つの企業の中の特定の事業や部門を切り離して新しく設立した会社に承継させるのを「新設分割」、既存の会社が引き継ぐのを「吸収分割」と言います。

「事業承継」と異なり事業のすべてが包括的に承継されるのが特徴ですが、譲渡企業が創業者利益を得るうえでの税務上の手続きは煩雑です。

ただし、複数の事業を持つ企業が今後の後継者対策を考えて企業を再編し身軽にしておこうなどといった目的の場合には機能するでしょう。

会社分割のスキーム

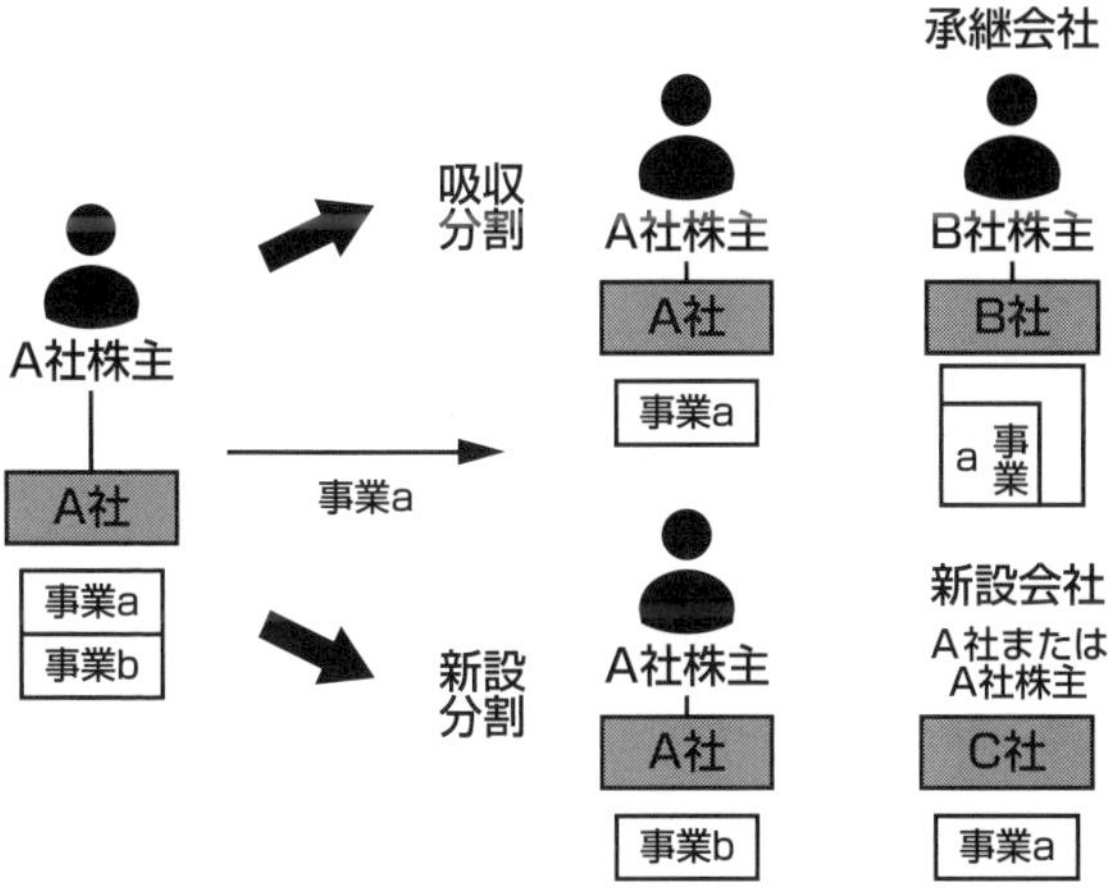

M＆Aには他にもさまざまな手法が存在します。ここで説明した方法から枝分かれした細かいパターンもあります。

M＆Aを行う目的や企業や事業の状態によって、その時々で最適な方法をアドバイザーと一緒に見つけましょう。

M＆Aのしくみを理解したところで、次の項目では会社に値段をつけるための「企業評価」の方法や考え方について説明していきます。

4　会社の値段を決める「企業評価」

M&Aの金額を決める考え方

M&Aを考えている経営者の方がいちばん気になっているのは「うちの会社はいったいいくらで売れるのか」ということでしょう。

上場していないオーナー企業であっても、株式の価格を自分の思うままに決めることはできません。

結論的には「譲渡企業と譲受企業の希望をすり合わせた額」というところですが、それではあまりに抽象的ですね。

M&Aの世界には、ある程度の適正価格を導くための基準や概算の手法が存在しています。

しかし「これくらいで売りたい」「これくらいで買いたい」という譲渡と譲受の相反する要望を適正価格に導くのは簡単ではありません。

譲渡価格で揉めに揉めてM＆A破談になっては元も子もありませんし、なんとか成立したとしてもその後のPMIに残念な影響をもたらしてしまってはオーナーも安心して引退することはできません。

「これくらいで売りたい」という主観だけにとらわれず、ビジネス的な観点を持って譲受側の事情も考慮しながら交渉することが大切です。

会社の価値を評価する方法

M＆Aにおける株価の算出方法はM＆Aのスキームと同様、さまざまな方法が存在します。企業の規模や事業内容によって適切なものを選んだり、あるいは併用したりして算定されます。

その中でも今回は中小企業のM＆Aでよく利用される「時価純資産価額法」と「マ

時価純資産価額法

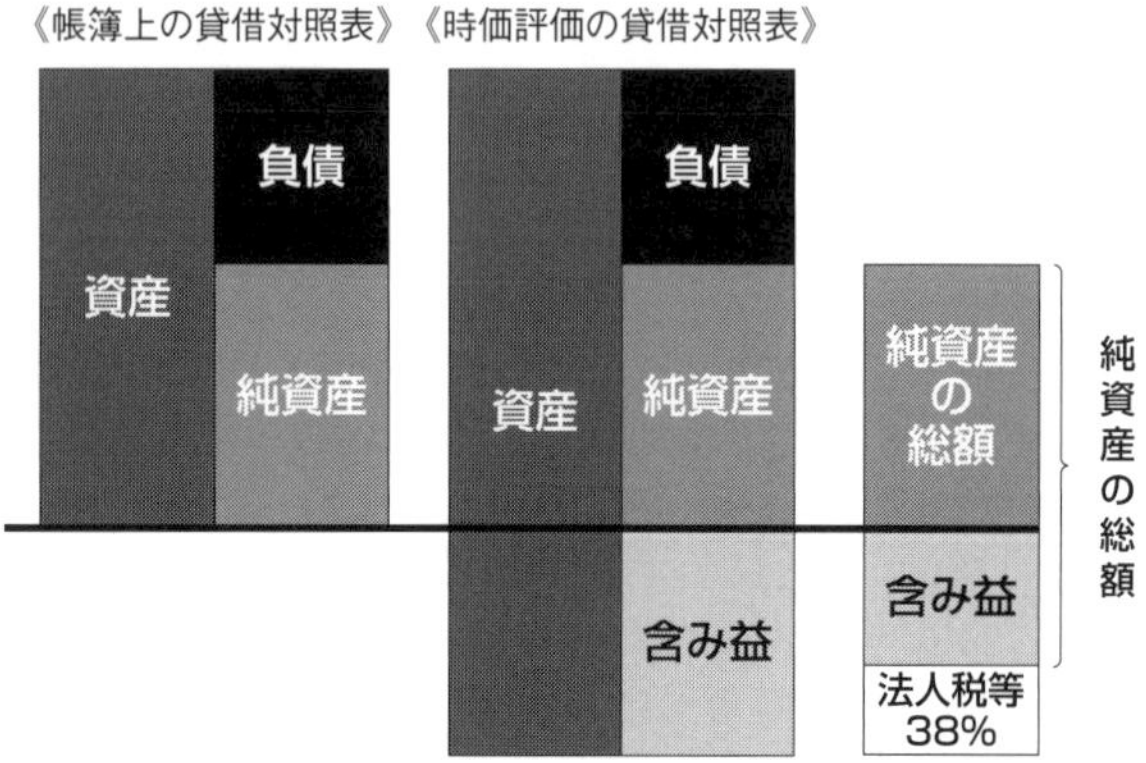

ルチプル法（類似会社比準価額方式）」の2つについて、簡単に説明したいと思います。

時価純資産価額法

「時価純資産価額法」とは、企業の純資産価値（ストック）に着目した評価方法です。会社の資産をすべて時価に換算し、その合計から負債を差し引いて価格を決めます。

方法も考え方もシンプルでわかりやすく客観性も高いため多くの中小企業のM＆Aで利用されています。

具体的には帳簿上の資産を時価に換算し

ていきます。たとえば棚卸資産、土地、社用車、ゴルフ会員権、リゾート会員権など。退職金、リース代などの負債に関しても、「いま払ったらいくらか」の時価で計算します。

ところで帳簿には取引先やノウハウ、優位性といった無形の資産は計上されていません。そこで、将来の利益を生み出す無形の資産への評価には、実態収益（経常利益）から期待収益（資本コスト）を控除した超過収益のおよそ1～5年程度を該当させた超過収益還元法か、税引き後当期利益のおよそ1～5年程度を該当させる年倍法が用いられます。

これを「のれん代」「営業権」などと呼びます。年数に幅がある理由は、業界ごとの競争状況や今後の変化のスピードが大きく異なるためです。たとえば、ＩＴ業界と建設業界ではどちらが先行きを見通しやすいかは明白です。

また、先でも少し説明しましたが、事業上のコストもすべて実質利益に戻して計算しますので、帳簿上ではあまり利益が出ていなくても問題ありません。

これら「時価純資産価額」と「のれん代・営業権」を合わせた額が売却価額です。

たとえば、時価に換算した純資産が5000万円だったとしましょう。利益が1300万円出ていたら、この状態が3年程度は続くと仮定して「のれん代・営業権」が3900万円。これを合計した8900万円が売却価額です。

もちろん、この金額を目安に交渉をスタートするのであって、最終的には譲渡企業と譲受企業との意向をすり合わせた金額に落ち着きます。

ちなみにM&Aでは負債も全部引き継がれますので、オーナーは個人保証で負っていた負債から解放されます。

マルチプル法(類似会社比準価額方式)

「マルチプル法」とは、類似した同業種の上場企業の株価を参考にした評価方法です。

類似している業種や規模の会社を上場企業等の中からいくつか選び、その株価と財務指標から算出された乗数（マルチプル）を用いて算定します。

客観性は高い方法と言えますが、どの上場企業を類似会社として選ぶかによって売却価額が大きく左右されるほか、類似会社が見つからない場合は利用できません。

乗数の設定には「PER・PBR倍率法」「EBITDA倍率法」などの種類がありますが、専門的すぎるのでここでは割愛します。詳しく知りたい方にはアドバイザーが丁寧に説明をいたします。

この「マルチプル法」と「時価純資産価額法」は両方とも異なる視点から企業価値を評価しているため、併用することも多くあります。

会社の価値と値段の関係

ここまで企業の評価方法について説明してきましたが、売却価額はオーナーがこれまで経営してきた事業への最終的な評価と言っても過言ではなく、なるべく高い金額を望む方がほとんどでしょう。

しかし考えてみてください。譲受側の企業は、価格の高い会社を欲しがるでしょうか……？

譲受企業にとってM&Aは自社の拡大、成長戦略の一環としての投資です。従って、自社がゼロからスタートするよりもメリットがあるかどうかが重要であり、その価値に対して高すぎる価格がつけられた会社を欲しがる会社はまずないでしょう。

つまり、売却価額は市場価格や企業価値と照らし合わせて適正なものであるべきで、そのためには、正しい方法で企業を評価しなければなりません。

先ほど説明したような企業評価の手法をどのように利用するのか、そして会社の価値をどのような観点で判断するのか。それにはアドバイザーの経験や業界知識、多角的な視野が重要なポイントになります。

たとえば、次のような観点で企業は評価されます。

・業種
・商品、サービスの内容や独自性
・顧客の数、質
・業界の将来性
・市場でのシェア
・取引先の数、質
・企業文化、風土
・経営者が及ぼす会社への影響度
・売却のタイミングでの社会情勢、経済情勢

経営者自身も、自社の強みやアピールポイント、逆に弱みについてもきちんと説明できるよう、客観的な視点で自社を振り返ってみてください。

M&Aが成功すれば、ハッピーライフが待っている

M&Aのメリットは、企業を存続させ従業員の雇用を守ること以外に、創業者利益と言うべき金銭的な対価にもあります。

ここで、会社を廃業した場合とM&Aをした場合とで経営者の元に残るお金について簡単に比較をしてみましょう。

第1章の「3　廃業では誰も幸せにならない」の中で、「廃業は株主と従業員にとっても経済負担が大きい」と題して廃業した場合の例を、数字を挙げて示しました。

純資産10億円（うち現金3億円、設備7億円）の企業が廃業のために設備などを売り、法人税、配当のための所得税を支払ったところ最終的に残るのは2億5千万円というシミュレーションでした。

それではM&Aをした場合はどうでしょうか。

純資産10億円（うち現金3億円、設備7億円）を時価換算したところ10億円のまま

だったとします。ここに「のれん代・営業権」を3億円とすると、売却価額は13億円です。

１００％「株式譲渡」すると売却益の20％（ただし、２０３７年までは、復興特別所得税がプラスされるので、20・３１５％）がキャピタルゲイン課税として引かれることになります。

今回の場合、約2億6千万円強が引かれ、結果、経営者の手元には10億4千万円弱が残ります。

ただし、この計算は当該企業の当初の取得株式価額を0円で計算した場合ですが、実際は、当初の取得株式価額が0円ということはほとんどないでしょう。例えば、取得株式価額を5千万円とした場合は、売却益は12億5千万円となり、手元に残る資金はもっと多くなります。

廃業した場合と比べて差がありますね。経営者の手元に残る金額の多寡という意味でも、廃業よりもM＆Aの方に大きなメリットがあるのです。

中小企業のオーナーの中にはすでに十分に蓄えがあり、残るお金にあまり固執しない方もまれにいらっしゃいます。

しかし、経営者の家族にとっては継続的な収入が途絶えるという意味で不安を覚えることもあるかもしれません。

使い切れないほどお金がある場合は慈善事業に投じてもよいでしょうし、ご子息・ご息女やお孫さんたちへの援助に使ってもよいでしょう。

また、新たな事業を始めたり、長年の疲れを癒やすためにご夫婦やご家族でのんびり世界旅行に出かけたりすることもできます。

M&Aは、経営者のハッピーライフのためにもたいへん便利な手段なのです。

現在の価値と将来の価値は違う

今はまだそこまでM&Aを現実的に考えていない方もいらっしゃるかもしれませんね。

しかしここまでの説明で、譲受企業が欲しがる適正な価格、そして譲渡企業のオーナーがハッピーライフを迎えるための価格でM&Aを行うためには、なるべく企業価値を高めることが重要であることはおわかりいただけたと思います。

純資産に含まれる「のれん代・営業権」は利益の3年程度を見ますので、利益が落ちてきてしまった段階での企業評価は不利です。

まだ十分に利益が出ている段階での企業評価と、下がってきてしまった段階での評価とを比較してみると「売り」のタイミングの重要性を理解できるはずです。

とはいえ先に説明した企業評価の方法も経営者の方が個人で行うにはなかなか難易度の高いものですので、今のタイミングで専門家に一度試算してもらうのもよいでしょう。

シミュレーションを見てみて、「もう何年くらいは頑張れそう」「そろそろ準備を始めてもいいかもしれない」など、リタイアのタイミングの目安に役立てることもできます。

ちなみに当社は初期段階での着手金が発生しない成功報酬制なので、企業評価のフローを無料で行えます。自社の価格を知っておきたいという方はぜひ、お気軽にご相談ください。

M&A市場は今まさに「売り」のタイミング

M&A全体の市場を見ると、現在はまさに売り手市場です。

意外に感じるかもしれませんが、私たちのような専門家のもとを訪れる人も、「売り」より「買い」相談の方が圧倒的に多いのが現状です。

次のグラフをご覧ください。

M&Aは1990年代後半から急激な拡大傾向にありました。リーマンショックなどの影響でいったんは落ち着いたものの2012年頃から再び著しい上昇傾向にあります。

この要因は第1章で述べたような人口トレンドによる後継者不在の問題や、グローバル化にまつわる企業の集約化などです。

この傾向は今後ますます加速していきますので、それに伴いM&Aの市場も拡大を続けることは間違いありません。

事業承継M&A件数が増加傾向に

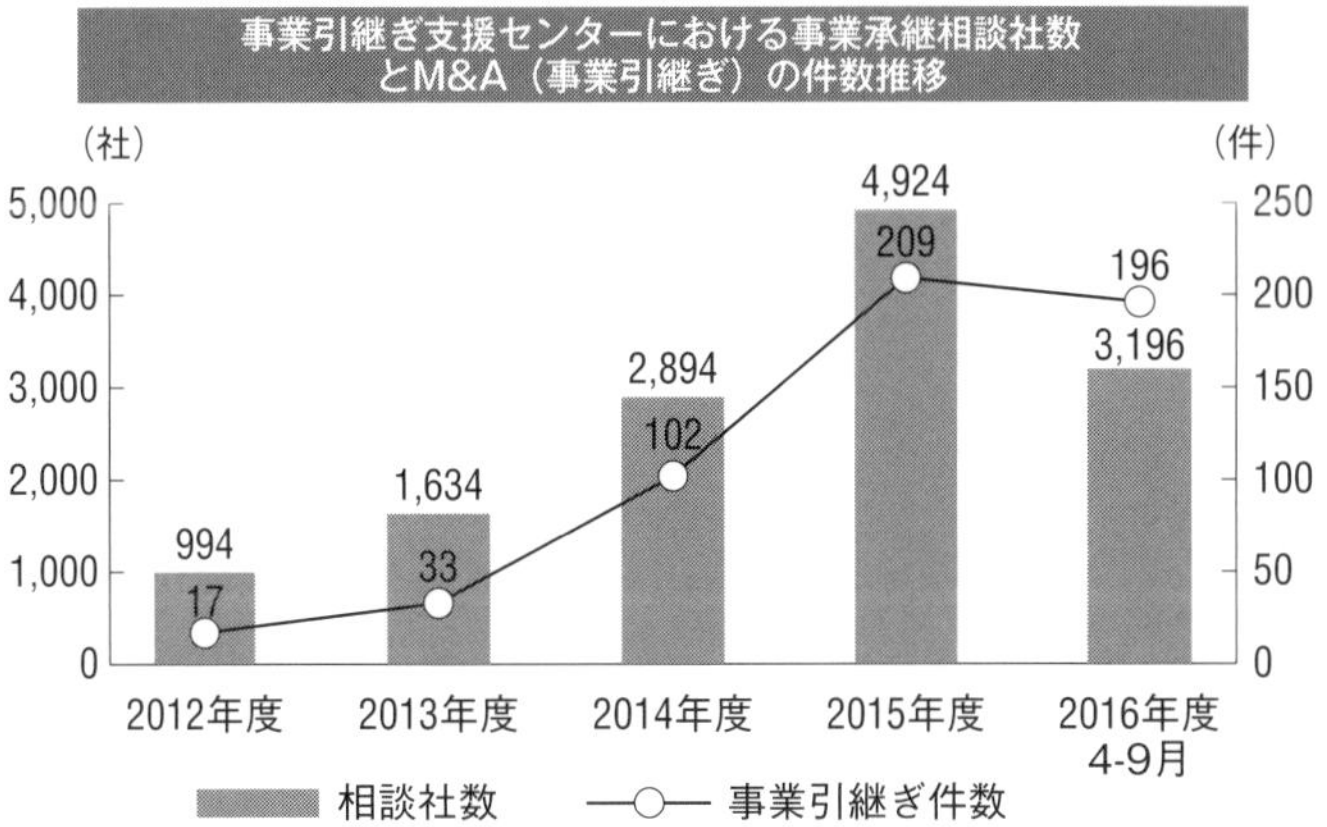

出所:中小企業庁「『事業承継ガイドライン』について」(平成28年12月5日)をもとに作成

さらに、いろいろな意見はあるものの日本経済は全体的には上向きの状態です。２０２０年のオリンピックイヤーに向けて景況感も好調。このような時には企業もM＆Aという投資に積極的になりやすい傾向があります。

そう、今はまさに中小企業にとって「売り」のタイミングなのです。

このように社会的・経済的情勢もM＆Aの成立には大きく影響しますので、自社の経営状況とあわせてM＆Aのタイミングを判断するべきです。

「いま売った場合」と「5年後に売った場合」とでは会社の価値は大きく異なるはずです。

また、基本的にはどのような業種の会社でもM＆Aの検討の余地はありますが、今の社会的な状況を鑑みますと、〝少子高齢化〟に関連する業界は今後需要が伸びていきますので売却できる見込みは高いのです。

たとえば介護、医療・調剤、葬儀系などが挙げられます。ほかには人手が不足している物流・運輸業界、建設関連業界も注目されています。

今後ますます増える海外からの人材の流入をうまく活用できるようなビジネスも強い分野です。

ただ、「どの業界が売れやすい」という傾向はたしかにありますが、最終的にはそれぞれの企業の強みを時代の流れに合わせてどう活用できているか、ということだと思います。あまり業界・業種を気にしすぎなくてよいと、私たちは考えています。

たとえば古くから営業している地元密着の不動産屋はそのネットワークや情報に大きな価値がありますし（そのようなところはそもそもなかなか手放そうとはしません

株価算出方法例　EBITDA倍率法

企業価値＝EBITDA×職種ごとの倍率＋ネットキャッシュ

EBITDA（≒修正後営業利益＋減価償却費）
ネットキャッシュ（≒現金同等物－借入金）

ドクターの年齢　…　40代？60代？
薬剤師の確保　…　労使関係は円満？
多店舗／1店舗　…　近い距離に出ている？
人口動態　…　人口は伸びていく？

売れる時期は実は長くない

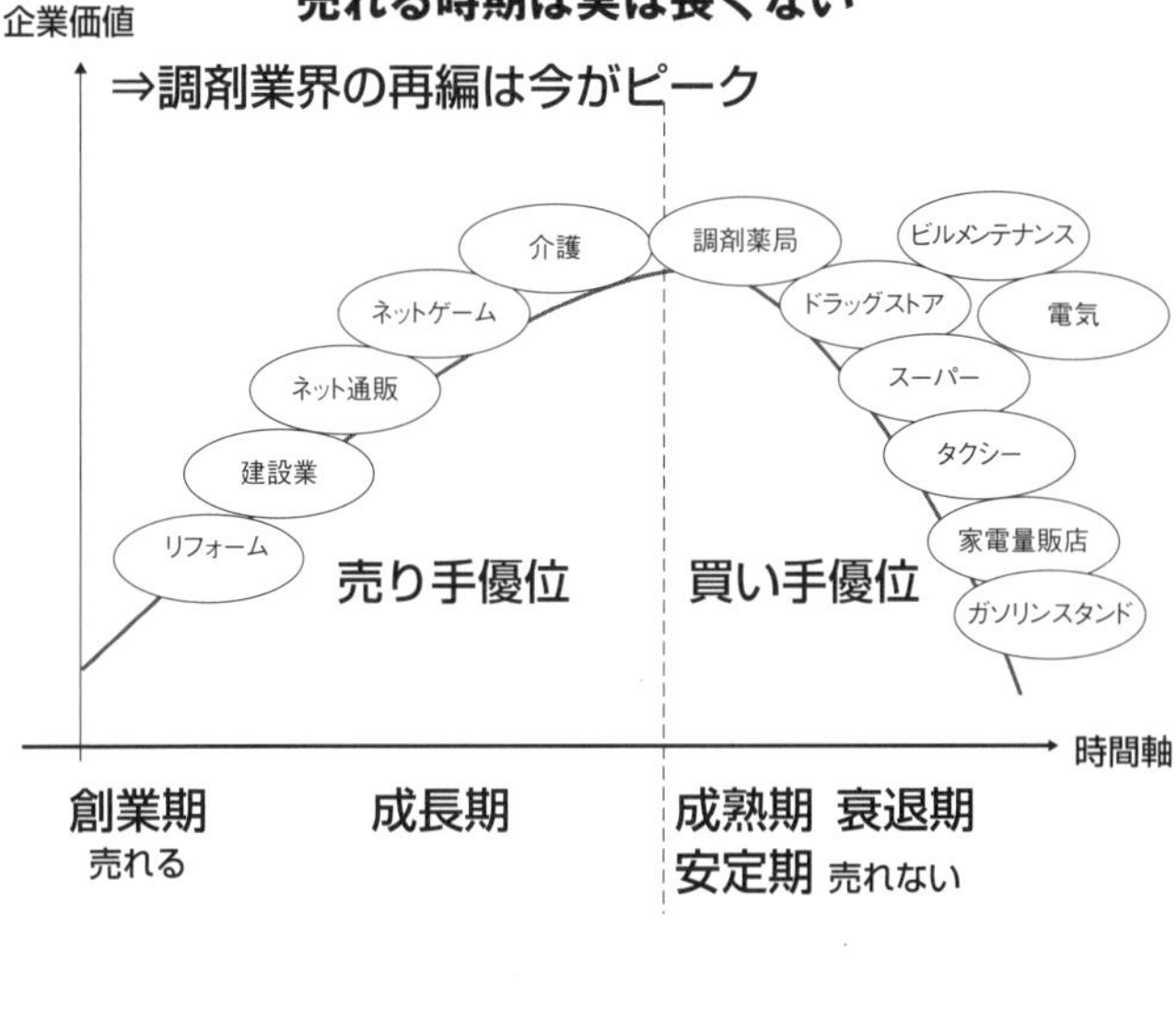

が）、外国語が堪能な従業員が揃っている企業であれば業種関係なく欲しがる譲受企業は多いでしょう。

さて、あなたの経営する企業の独自の強みとは何でしょうか？
どんな企業に承継してもらえば、より発展していけるでしょうか？
創業時の思いや会社の理念に立ち返り、広がる未来を一緒に想像してみましょう！

5　専門アドバイザーに相談しよう

M&Aにおけるアドバイザーの存在

いざM&Aを行うとなると、専門家の存在がないと難しいということはみなさんも感じていらっしゃると思います。

中小企業のM&Aにおけるアドバイザーが行う内容をまとめると、次のようになります。

・譲渡企業・譲受企業の選定、情報収集、資料作成
・企業評価
・シナジー効果を狙えるM&Aのスキームの構築
・両社の間に立って交渉

・両社の書類準備や手続きのサポート
・契約書草案の作成、調印式の実施

これらを安心して任せられる相談先は、どこが適切でしょうか？

身近なところでは顧問税理士、弁護士、会計士などが挙げられます。また、地元の商工会議所や金融機関、証券会社もあります。

いわゆる士業の方たちはM&Aに関する知識が必須ではないため、M&Aについての知識・経験・実績がどの程度あるか、先に確認した方がいいでしょう。商工会議所も同様です。

金融機関、証券会社に関しては、大手企業のM&Aだけを手がけているところもありますので、中小企業に関しての実績があるかどうか、さらに、対象案件として相談に乗ってくれるかどうかを確認しましょう。併せて、地域の金融機関の場合、お相手も同じ地域に限られることが多いため、他地域の企業を検討する場合には、事前に確認が必要です。

M＆A専門を謳う仲介業者やアドバイザーは専門性に関しては心配ありません。ただし、一言でM＆Aと言っても扱う業界や業種は幅広いため、得意分野やこれまでの実績をきちんと聞くようにしましょう。

また、最近では国の運営する「事業引継ぎ支援センター」もM＆Aの相談先として全国に設置されています。

アドバイスをくれる担当者との個人的な相性の重要性はM＆Aに限ったことではありません。

医療の世界におけるセカンドオピニオンのように、何箇所か相談してみて、業界への理解度や経営者ご自身とアドバイザーとの相性も含めて、最終的なアドバイザリー契約を結ぶ先を決めるとよいでしょう。

可能であれば各相談先に企業評価を行ってもらい、説得力のある価格設定ができるところを選ぶのもよい方法です。

やたらと高い売却価額を出してくるところは譲受企業との交渉面で不安が残ります。かといってオーナーが人生をかけて経営してきた会社の価値をあまりに低く見積もるようなところでは、ベストな譲受企業を見つけてくれるとは思えません。

そのあたりも、いくつか相談してみれば感覚がつかめると思います。

M&Aにかかるお金

「自社がいくらで売れるのか」の次にみなさんが気になるのが「M&Aにはいったいいくらかかるのか」ということかもしれません。

M&Aの仲介会社やアドバイザーに払う報酬の設定はそれぞれに異なり一概には言えませんので、当社のケースで説明します。

当社は成功報酬制なので、第2章の「2 M&Aの流れ」内で説明した3つのフェーズのうち、最初の2つ「検討」「交渉」フェーズにおいて一切金銭的な対価は発生しません。

成功報酬

対象会社の時価純資産価額（のれん代・営業権を含む）	手数料
5億円以下の部分	5%
5億円超　10億円以下の部分	4%
10億円超　50億円以下の部分	3%
50億円超　100億円以下の部分	2%
100億円超の部分	1%

※最低報酬金額は2,500万円からとなっております。

最後の「交渉」フェーズの最後、「基本合意・契約」の段階で初めて中間報酬を頂戴しています。

中間報酬は、最終的な成功報酬の10％です。

最低報酬金額は、実際の売却価額に応じて、２５００万円からです。

成功報酬の計算方式は、多くの会社が採用している「レーマン方式」を当社でも使っています。

たとえば売却価額が13億円の企業の場合は、５億円以下の部分＝５億円×５％、５億円超10億円以下の部分＝５億円×４％で、10億円超50億円以下の部分＝３億円×３％

で、合計5400万円（および消費税）が成功報酬となります。中間報酬はその10％ですので、540万円（および消費税）です。

ちなみに当社が着手金をいただいていないのは、着手金がかからなければより多くの中小企業がもっと気軽にM＆Aの機会を得られると思うからです。

本来ならば少しでも早く自社の価値と値段を知り、後継者対策を考える必要があるにもかかわらず、その機会が得られないばかりになんとなくずるずるとそのまま経営を続けてしまい、のっぴきならない状況にまで追い詰められてしまう経営者は数多く存在します。

現在の経済情勢や社会状況を見る限り、そのような企業は今後ますます増えていくことでしょう。

私たちは、M＆Aをより身近で手軽で便利なものにしていきたいと思っています。そのためには着手金というハードルをなくすことが一つの方法だと考えているのです。

M＆Aにまつわる仲介会社やアドバイザーの担う役割はとても重く、相応の労力がかかるため、着手金を設定することで本気度の高い企業をふるいにかけるという考え方もたしかに一理あります。

その点においては、先に少し説明したように、当社では「FUNDBOOK」というプラットフォームも用意することで作業を効率化し、労力の無駄をなくすことでカバーしたいと考えています。

また、多岐にわたるアドバイザーの作業内容を分業化し、事務的な作業を社内の専門家に委ねる形を取っています。アドバイザーは経営者とのやりとりや交渉などに時間を十分に使うことができるのです。

報酬体系も会社によってさまざまですので、納得のいく形で自社の未来を託すことのできる仲介会社とアドバイザーを見つけてください。

情報漏洩に注意

仲介会社やアドバイザーと契約を結び、本格的にM&Aを進めようという時に気をつけたいのは情報の漏洩です。

M&Aに関することは、少しでも情報漏洩すると、たちまち経営悪化を招きかねません。

たとえば、競合他社へ漏洩したとすると、それを知った競合他社は、大抵、良からぬ噂を流します。A社は「後継者がいないから先がない」とか「売りに出ている」、「企業再生の手続きに入るらしい」、「近々廃業するらしい」などと言い顧客へ営業をかけてきます。

競合先から、それを聞いた顧客は必然的に、A社から他社へ乗り換えることを検討するでしょうし、取引量を減らし様子見するなどします。

それだけではすみません。仕入れ外注先にも伝わったとしたら、取引量を制限してくるでしょうし、決済条件の変更も十分にあり得ます。

さらに、金融機関の耳に入れば、すぐさま融資条件の悪化につながり、ひいては、貸し渋り、貸し剥がしをされるかもしれません。

いちばん、情報漏洩してはならないのは、従業員です。中途半端に事業承継やＭ＆Ａが検討されていることを知れば、当然不安になり、従業員の士気が低下し、退職者が増加し、また、雇用を募っても人が来なくなります。

これらのことは、一瞬で、しかも同時に発生してしまいますので、Ｍ＆Ａに関しては、情報漏洩は甚大な損失につながります。十分に注意してください。

Ｍ＆Ａを進めるうえで、多くの悩みや苦しみを抱えることもあるでしょう。誰かに打ち明けて心を楽にしたい気持ちはわかりますが、情報が漏洩することでＭ＆Ａが破談になれば、その先の経営も困難を極めます。

信頼関係を築けるアドバイザーを見つけ、苦しい思いはその人と共有することで、Ｍ＆Ａ成立まで乗り切りましょう。

また、仲介会社やアドバイザーへ支払う報酬に関しても「Ｍ＆Ａ」という言葉は使わず、「コンサルティング料」「相談料」などの名目にするとよいでしょう。

経理を担当する社員に怪しまれ、社内に噂が広まることを避けるためです。

6　M&Aの準備

M&Aの準備をはじめるタイミング

事業を承継するための選択肢の一つとしてM&Aを意識したら、さっそく準備にとりかかりましょう。

M&Aの準備をはじめるのは早いにこしたことはありません。なぜならM&A自体が最低でも半年~1年はかかるものだからです。

また、経営者の方が急に亡くなったり病気になったりした場合、周囲の人間だけでM&Aを進めることは不可能。その時点で事業の承継の可能性はかなり低くなります。

仮に配偶者がなんとか引き継いだとしても一時的な保留状態に等しく、長い目で見て企業が前向きに発展していけることは難しいと思われます。

ですから、確固たる承継者が決まっている場合は除いて、経営者が元気なうちに、M&Aについて検討しておくことはたいへん重要です。

また、経営が上向きでないと会社の価値が付きにくいことも既にお話しした通りです。

M&Aの準備をはじめる理想的なタイミングは、経営者の引退から見積もってだいたい2〜3年前。

これくらいの期間があればさまざまな弊害が発生しても着実に解消しながら余裕を持って引退を迎えることができるでしょう。

M&Aについて相談先に話を持ち込む前に、経営者本人の中であらかじめ行っておいた方がよいことがあります。

それは、会社の未来についてのビジョンを明確にすること。

・自身は何歳で引退したいのか

・引退後にどのような生活をするか（引退時にどのくらいのお金が必要か）
・引退に際して会社をどうするか
・従業員や「右腕」の存在の処遇をどうするか
・承継を希望する場合、誰に継いでほしいか、誰が継げる状況にあるか
・承継してもらった会社の事業をどのように展開してほしいか
・承継に際して譲れないポイントは何か
・従業員や取引先の将来をどうするか

これらをご自身の中で考えることで、M&Aをした方がよいとの方向性が見えてきた場合、具体的な行動に移りやすくなります。

また、会社のことだけでなく、ご自身の今後の人生を設計するという意味でも有意義な時間になるはずです。

会社の現状を把握する

自身が引退した後のことも含め会社の将来についてビジョンを描いたら、その実現に向けてまずは自社の現状を把握し、できるだけ状態を整理しておくことをお勧めします。

●経営状態を知る

決算書、法人税の申告書などを見て、経営状態を把握します。その際、可能であれば本章「4　会社の値段を決める『企業評価』」を参考に、帳簿上の数字だけでなく、実質的な利益を計算してみましょう。

●株主の構成を知り、複数いる場合は連絡のつく状態にしておく

オーナー本人と配偶者のみなど、株主が少数の場合は問題ありませんが、分散している場合は整理をしておく必要があります。株主名簿を見て、株主と連絡が取れる状態であるかを確認しておきます。

●承継候補者の意思を確認し、現実的な可能性を探る

子どもや親族、社内の人間に承継する可能性がある場合は、本人への意思確認を行っておきましょう。その際、第1章「3　廃業では誰も幸せにならない」で説明した事業承継の壁についての内容を参考に、現実的な観点で検討するようにします。

●各種の債務状況を把握し、整理する

金融機関からの借り入れや設備の減価償却の年数、個人保証の内容を確認し直しておきます。

ここに挙げた内容がスムーズに進むのであれば、会社の状態はかなり整理されていると言ってよいです。

すべてを完璧にしておく必要はありませんが、M&Aの仲介企業に話を持ち込む際には、ある程度会社の状況が整理されているとたいへんスムーズに話が進みます。

また、状態が綺麗な会社は譲受企業がつきやすい傾向にあります。

M&Aは可能？ 簡易チェックリスト

実際に、専門家に相談してみないと何とも言えないところはありますが、M＆Aができるかどうかを判断するのに、次のチェックリストを活用してみてください。

・次世代に引き継いでもらいたい理念や思いがある
・株主全員に連絡がつく状態である
・コンプライアンスに則った経営を心がけてきた

これらの項目のすべてを満たしていればM＆Aが成立する可能性は高くなります。いくつか満たしていない項目があったとしても、もちろん相談の余地はありますのでご安心ください。

相談の際に準備するもの

M&Aを進めていく際に、準備しておくべき資料をご紹介します。可能な限り集めておくとスムーズに相談が進みます。

相談の初期段階では事業の内容について詳しくお話を伺います。その際に参考にできるような資料が必要です。

繰り返しになりますが、誰かに聞いたり頼んだりせざるを得ないときには、「後継者対策」「経営計画を立てるため」など、「M&A」という言葉を使わないことが重要です。

●会社の概要を知るための資料

・会社案内（☆）
・製品／サービスのカタログや案内（☆）
・定款
・法人登記簿謄本

・株主名簿

●財務面を知るための資料

・財務諸表（法人税申告書、決算書、勘定科目の内訳明細書）3期分（☆）
・減価償却資産台帳
・月次試算表
・（あれば）事業計画書
・不動産の登記簿謄本
・固定資産税課税明細書
・事業所／店舗／工場の状況
・売上内訳
・仕入内訳

●人事面を知るための資料

・組織図

・従業員名簿
・取締役及び執行役員の経歴書
・社内規定（就業規則及び給与・退職金に関するもの）
・給与台帳

●契約に関する資料
・取引基本契約書
・生産／販売委託契約書
・不動産賃貸借契約書
・リース契約一覧
・連帯保証人明細表
・その他、経営に関係する契約書や認可証（保険など）

他には、オーナー自身の印鑑登録証明書、住民票も必要です。
最初の相談の際には、☆印がついている資料はぜひともご用意ください。

これらの資料をもとに、会社の状態についてアドバイザーが詳しくお話を伺います。そのときに心がけてほしいのが、良いことも悪いことも含めてすべて正直に答えていただくことです。

最終的なデューデリジェンス（買収監査）を山場として、M&Aを進めていくにあたって隠し事はできません。

むしろ、隠していたことが明るみに出るのが後ろのタイミングであればあるほど、相手先の企業との信頼関係に悪影響が生じます。

会社の弱点と思われることであっても、第三者の目から見れば意外な解決策を見つけられることもあります。

最初からすべてを正直にお話しいただくことが最良の策です。

「買いたい」と思われる会社になる

「うちの会社は売れるのか」を相手側の立場に立って言い換えると「あの会社は買うだけの価値があるか」となります。

自社を売るという視点から相手を探すのも一つの方法ですが、より良いマッチング先を見つけるためには「買いたいと思われる会社」になることも大切です。

M&Aをすると決めた途端、経営がおろそかになってしまう方もたまにいらっしゃいます。しかし実際はそれまで以上に経営を頑張らなくてはなりません。

業績が良いからこそ相手企業が欲しいと望むのですから、少なくとも現状維持は必須、できれば右肩上がりの成長を残せれば「のれん代・営業権」でより高い価値をつけてもらえる可能性が高くなります。

「買いたい企業」になるためにできることは次のような内容です。

・これまで以上に業績を伸ばす
・債権の回収、負債の解消に努め、財務状況を可視化する
・事業に関係のない資産は売却しておく
・労務問題、訴訟問題は解決しておく

・株主を整理しておく
・独自の強みをさらに磨き上げておく
・コンプライアンスの励行を徹底する

これらを意識してこれまで以上に熱心に経営に努めていれば、「買いたい」と言ってくれる相手先はきっと見つかります。

くれぐれも、最後まで気を抜かないように心がけましょう！

PART
3

納得！　Ｍ＆Ａのケーススタディと成功のポイント

ケーススタディ①

地方の建設会社が相続対策のために早期のM&Aを計画。業績拡大中だったからこそベストパートナーに出会えた

A社は四国地方で建設業を営む有限会社。現在の社長であるAさんの父親が工務店から始め、35年かけて成長させてきた会社です。

Aさんには姉がいましたが、父親は当初から将来的にAさんに跡を継いでほしいと考えていたようです。Aさんは子どもの頃から父親に「おまえが跡取りだ」と言われて育ちました。

Aさんは大学進学後、いったんは大手企業で営業の仕事に就きましたが、30歳を迎えたのを機に地元に戻り、父親が社長として経営するA社に入りました。しばらくは父親のもとで働いていましたが、父親が60歳になったタイミングでAさんに社長の座を譲りました。

30歳代半ばで社長の座についたAさんは外の企業で培った営業力を武器にA社の業績を順調に拡大。従業員も少しずつ増え、取引先も広がり、会社は順風満帆の状態。しかしAさんは心の片隅でいつも引退のタイミングについて考えていました。自身の父親が計画的に自分に跡を継がせ、会社が順調な状態で早めのリタイアを迎えた様子を見ていたからかもしれません。Aさん自身も、良い状態で会社を次の世代にバトンタッチしなくてはならないという、使命感のような気持ちが常にあったのです。

父親と同じように計画的に引退をしたいと考えていたAさん。45歳になった頃から後継者選びについて現実的に考えるようになりました。

もっとも一般的なのは自分の子どもに継いでもらうことですが、いかんせんAさんの子どもはまだ小学生でした。すでに姉は嫁いでいるので候補には入れられません。他に適当な親族もおらず、親族内の承継は難しいと言わざるをえませんでした。

さらにちょうどその頃、創業者であり大株主であった父親が他界。Aさんは株を相続するのに莫大な相続税を支払いました。この経験から、ますます親族や従業員など身内への承継は現実的でないという思いを強くしたのです。

ある日、地元の経営者仲間との集まりでM&Aの話を耳にしたAさん。大企業がするものだという印象がありましたが、よくよく話を聞いてみると中小企業の後継者問題にも役に立つことがわかりました。そこでAさんは自社のM&Aを真剣に検討してみることにしたのでした。

幸いA社は右肩上がりの成長を続けていたところだったため、相手企業探しにはあまり苦労をせずに済みました。何社かの候補のうち、Aさんが目星をつけたのは、以前A社が業務の一部を請け負った建設現場で見かけたことのあるB社。

B社は塗装業を皮切りにマンションの大規模修繕やリフォーム等、建設に関する事業を幅広く展開している上場企業。積極的に規模を拡大しており、四国地方への進出を望んでいたのでした。

AさんはB社の現場を訪問し、若手の従業員が積極的に指揮をとり、活力あふれる様子で働いているのを見てB社の勢いと成長性を感じました。トップ面談では、若手社長のアグレッシブな成長意欲と、Aさんの話にじっくり耳を傾ける人間性にもたいへん心を惹かれました。同じ業界ということもあり、両社が統合した先の未来の話でたいへん盛り上がり、面談を終える頃にはB社に会社を任せたいというAさんの気持ちはほとんど固まっていたといいます。

Aさんにとっていちばん大切な要素は「自社の存続」と「従業員の未来」でした。B社というエネルギーあふれる会社の一員となることでA社は今以上の発展を遂げられるにちがいない、Aさんはそう確信。同時に、自社の社員がB社の仲間たちと共に生き生きと働く姿が目に浮かぶようでした。

両社が乗り気だったこともあり、A社の株式譲渡の話はトントン拍子に進みました。B社グループの一員という看板を背負うことになりながらも、実質的な業務はこれまでとほとんど変わらなかったため、A社の従業員も最初はM&Aという言葉にピンときていなかったようです。

しかしグループ傘下に入ったことで給与水準が上がったうえ、中小企業にとって大きなネックである新規採用の効率も格段に向上。A社の社員たちは上場企業のグループの一員ということに誇りを持ち、これまで以上に熱心に仕事に取り組むようになったそうです。さらに、B社の仕入れルートを通じてこれまでよりコストを抑えることもできるようになったとのこと。

B社にとっては念願の四国地方進出。全国展開の夢がさらに前進した形です。

B社が四国地方に詳しくないこともあり、Aさんは常務として1年ほど籍を残すことになりました。しかしこれまでよりプライベートに時間を割くことができるようになり、子どもや妻との時間を楽しんでいるそうです。まだまだ若いAさんですが、父親から継いだ会社をさらなる成長路線に乗せ、無事に次世代に引き継げたことでやっと肩の荷がおりたと胸をなで下ろしていました。

解説! 成功のポイント

〈ポイント〉

・事業承継の課題を早期に検討開始したことで、業績のいいタイミングで高い値段でM&Aができた。

・M&Aで成し遂げたい目標が明確になっていたため、スムーズに進行した。
・M&Aによって従業員満足度が大きく向上した。

〈メリット〉

・大手とM&AができたことでAさんのハッピーライフと従業員の将来の保証や満足度向上の両方を達成した。

〈注意点〉

・M&Aの検討について外部で話をする際は、インサイダー情報などの漏洩に十分な留意が必要。

〈ワンポイントアドバイス〉

・事業承継の課題については早期に検討を始めることで、適切なタイミングで企業の存続を図ることが可能。業績悪化後では、M&Aの可能性も低くなることがある。

ケーススタディ②

多品種少量生産の高い技術力が売りポイントに。地域の製造業のピラミッドも守られた

Cさんが一代で事業を築き上げ、多品種少量生産の金属加工技術を持つ企業として長年地域の工場から重宝されてきたC社。社長であるCさんが還暦を迎え、経理を担当していた奥さんから健康上の不安を理由に引退をほのめかすようになりました。Cさんとしては「まだまだ頑張れる」という気持ちもないわけではありませんでしたが、そうは言ってもいつまでも続けるわけにはいきません。

4人の子どもに恵まれていましたが、1人は医師、2人は大手企業に勤務、1人は他家に嫁いでおり、後継者とはなりえません。社内にも跡を継げるほど経営センスに優れた人材はいませんでした。知り合いの税理士にC社の将来を相談したところ、そのアドバイスは「廃業するしかない」というものだったそうです。

その年の暮れ、地元の商工会議所の忘年会に参加したCさん。気安い仲間たちばかりだったこともあり「自分の代で会社を終わりにするつもりだ」とついポロッとこぼしたところ、「やめてもらっちゃウチが困る」と顧客でもある社長仲間から真剣な顔で訴えられました。

たしかに、C社と同等の技術を持つ会社となるとこの辺りには思い当たりません。後継者が見つからないことから廃業しかないと考えていましたが、取引先や従業員のことを思うと、簡単にやめてしまうことが罪深く感じられてきました。

その時からCさんの頭に会社を存続させるという選択肢が再び浮上してきました。何か方法はないものかと思案するCさんにM&Aという方法を提案してくれたのは、メインバンクにしている地元の信用金庫でした。廃業するにしろ存続するにしろ、借り入れの状態を少し整理しておこうと信用金庫の担当者に相談したのがきっかけでした。

担当者からM&Aについて説明を受けたCさんは、最初こそプライドが邪魔をして自社の売却に抵抗感がありましたが、具体的に数字で説明されると譲渡するメリットを理解するようになりました。何より、C社が廃業することにより地元企業の製造ピラミッドが崩れることの社会的・経済的損失を見て見ぬふりはできないと思ったのです。1年以内に何かしらの方向性が決まらなければ廃業に向けて準備を進めるつもりでひとまず相手企業を探し始めたCさん。

近隣の地域では候補が狭められると思い、対象を全国に広げて探すと、同業の候補企業がいくつか見つかりました。しかし交渉を進めていくうちに経営に対する考え方や方向性の違いが見つかり、これぞという会社にはなかなか巡り合えませんでした。

予定していた1年を過ぎ、さらに半年が過ぎ、もう諦めるしかないと廃業に向けて腹をくくりかけていた時に紹介されたのがD社でした。

同じく金属加工業を展開し、C社より売上規模が10倍程度大きな会社です。本社は関東にありましたが、地方に新工場を構え、量産体制を武器にさらなる事業拡大を狙っていました。高い技術力の獲得と、営業基盤の拡大のためにC社の買収を望んでいました。

トップ面談では親子ほど年の離れた2人がすっかり意気投合。D社の社長は高い技術力と確固たる地域の信頼を獲得しているCさんに尊敬の念を示し、「何も変えてもらう必要はありません。これまでと同じようにしてもらえれば大丈夫です。どうかよろしくお願いします」と丁寧に思いを伝えました。

Cさんの方でも「これがダメなら諦めよう」と思っていた矢先だったので、Dさんの誠実な人柄を信じて任せてみようと覚悟を決め、無事にM＆Aが成立しました。

両社の統合の過程では、D社の体系化された人事制度の恩恵を受け、C社の社員にとっても働きやすさの面で大きなメリットがありました。Cさんが仕事に対してまだ意欲的だったこともあり、元気なうちは引き続き社内にとどまり、金属加工のノウハウの継承に力を注ぐ約束となっています。一方、経理を担当していた奥さんは完全に身を引き、これまで叶わなかった地域のボランティア活動や趣味のフラワーアレンジメントに精を出しているとのこと。

また、C社が存続したことで地域の工場が救われたことは言うまでもありません。Cさんは商工会議所の仲間たちに会うたびに「あの時引きとめて良かったよ」と言われるのだそうです。

解説！ 成功のポイント

〈ポイント〉

・廃業を検討していたが、M&Aに切り替えて事業承継に成功した。

・重要な技術を維持することができた。

・社長は技術伝承ができ、従業員の満足度も向上、取引先の関係性も維持することができる「三方良し」のM&Aができた。

〈メリット〉

・技術力のある企業が廃業をすることなく、M&Aによって技術伝承ができた。

〈注意点〉

・技術や営業拠点の補完関係があるかどうかについては、お互いの企業の強みと弱みをしっかりと把握し、補完できることをトップ面談で確認していく必要がある。

〈ワンポイントアドバイス〉

・お互いに補完関係にある企業同士がM＆Aをしたことで、それぞれの強みが活かされる結果となった。大手とのM＆Aによって従業員の働きやすさが向上し、取引先との関係性の維持ができた。

ケーススタディ③

業界再編の波に乗る。女性経営者が調剤薬局を大手チェーンに売却。これまでの頑張りが報われた瞬間

E社は地方都市で3店舗を持つ地域密着型の調剤薬局です。

経営者は60歳代を目前に控える女性薬剤師Eさん。この道一本で経験を積み、30歳代の前半で1店舗目となる薬局を立ち上げました。ドクターに信頼される高い知識力と患者さんとのコミュニケーション能力を活かし、起業から5年後、7年後にはそれぞれ2店舗目、3店舗目を順調に出店。地域に溶け込んだ薬局として老若男女の患者さんを抱えていたといいます。

結婚や出産、子どもや親の世話など、ライフイベントごとに経営との二足のわらじが困難に陥る時期もありましたが、やりがいのあるこの仕事をEさんが辞めようと思うことはありませんでした。

そんなEさんも60歳代が近づくにつれ、健康上の理由からいつまでもこの働き方はできないと感じるように。

若い世代に引き継ぐことを考えるようになりましたが、Eさんの娘は弁護士をしており、もとより継ぐ気はまったくありません。さらに夫の親族や自身の親戚も高齢化しており、任せられるような人物は思いつきませんでした。

そのような状況の中、Eさんにとって引退の決定打となったのは薬価改定でした。国の基準を満たした経営を行っていたE社が近々に打撃を被ることは考えられませんでしたが、将来はわかりません。業界再編がどんどん進んでいけば、どんなに努力しても最終的には大手の薬局しか生き残れないだろうと感じました。であれば、中途半端な延命をはかるよりもいっそ大企業のグループ傘下に入れてもらった方がいいかもしれない……。

娘と電話をしていた時、世間話のついでにそのような話をすると「第三者の法人への事業承継ならM&Aという方法があるよ」と教えてもらいました。大企業同士のM&Aに弁護士グループの一員としてかかわったことがあるというのです。「最近は中小企業でも増えているよ」と話す娘に、「これだ！」と、Eさんは一筋の光が見えたような気がしたそうです。

M&Aにピンときたさんは、今のタイミングなら譲受企業はつくはずだと思い、積極的に相手企業を探し始めました。立地条件、顧客層、経営状態を考えれば、欲しがる大手企業は必ずあるはず。そんな確信のあったEさんは、自身が希望する金額を下回る条件を提示する企業とは交渉を進めませんでした。

予想通り、数ヶ月後にはE社の買収を強く希望する大手企業F社が候補として浮上。売却価額もEさんの希望以上の金額です。しかも業界の関係者ならほとんどの人が知っているような有名な会社でした。従業員の雇用の維持や待遇についてもEさんの希望を守ると約束してくれたため、安心して傘下に入ることを了承しました。

F社は全国の地方都市への店舗展開を計画しており、効率的に規模を拡大するために近年積極的にM&Aを利用していました。地域それぞれに存在する小・中規模の調剤薬局を検討する中で、E社が複数の店舗を有していたこと、そしてそのどれもが地域密着の安定した顧客基盤があること、そして財務状態が良好であったことが決め手となりました。

また、Eさん自身の朗らかで親しみやすい人柄が、買収後もスタッフの管理や教育に活きるとF社の社長は感じたのです。

M&Aが成立すると、店舗の経営はF社が行うようになり、Eさんは店舗の管理に専念することができるようになりました。一人で3店舗を経営・運営していた時と比べるとぐっと楽になったと言います。

これまで家庭と薬局の経営で休む暇もないほど働きづめだったため、これからはゆっくりできる時間もつくるつもりです。さらに以前から興味のあった漢方についてもっと勉強したいと思っており、中国の専門学校に留学することも考えているそう。

会社と従業員の未来を守り、今後の生活のためのまとまったお金も手に入れたEさんは、これからの明るい未来に思いを馳せています。

解説！ 成功のポイント

〈ポイント〉

・地域密着で順調な経営を続けてきていたため、自信を持って交渉を進めることができ、結果的に満足のいく価格と条件でM&Aができた。

・F社がEさんの人柄や経営文化を踏まえたM&Aを行った。

・EさんとF社のM&A後の役割分担が明確になっており、スムーズにグループ化することができた。

〈メリット〉

・業界動向を読み解き、適切なタイミングでM&Aを検討し始めたため、自社の条件を譲ることなく、自社に最適なパートナー企業とM&Aをすることができた。

〈注意点〉

・調剤薬局のM&Aはまさに今が業界再編のピークであるため、タイミングを逃すと、オーナーの希望どおりにM＆Aができなくなる可能性がある。

〈ワンポイントアドバイス〉

・M＆Aはタイミングと縁が重要なものです。事業承継の課題について悩む前に、まずはご相談をいただくことで、さまざまな方向から最適な方法をアドバイスすることができる。

ケーススタディ④

資金力が勝負の不動産業界で自社だけの成長に限界感。上場企業の一員となってさらなる発展に期待

Gさんは新卒で不動産業界に入り経験を積んだ後、起業して不動産事業を行うG社を始めました。足を使った営業力を武器に、Gさんは各社オーナーの信頼を得てどんどん取り扱い物件を増やしていきました。

また、誠実な人柄がお客様にも安心感を与え、駅前という好立地もあり、順調に業績は伸びていきました。前の会社が広告に頼りきりだったことから、自分の会社では人による営業力の強化に力を入れようと考えていたGさん。率先して体を動かすGさんのスタイルに、社員も一生懸命ついてきてくれました。

創業から15年経ち、地元でも評判の良い不動産屋としてすっかり定着したG社。社員も20人近くまで増え、地域の不動産屋としては大きいと言ってもよい規模まで成長

しました。

しかしこの頃から、うまく社員が育ってくれていないとGさんが感じることが増えてきました。以前であれば、細かく指導しなくてもGさん自身がお手本となることで社員が自ら学び、成長してくれていました。しかし社員の数が増えるに従ってGさんの目が届かないことも増え、自らの影響力が薄れてきたと感じるようになったのです。

慌てて人材育成に力を入れようとしましたが、一朝一夕に効果は出ません。これまで右肩上がりの成長を続けてきた同社でしたが、この頃から業績の伸びに鈍化が見られるようになりました。

すぐに効果の出やすい方法としては広告という手段もありますが、その場かぎりではない中期的な売上につながるような広告計画にはかなりの資金が必要です。G社の経営状態を考えるとなかなか難しい選択でした。

広告に力を入れていた前の会社は大手の企業でした。不動産業で継続的な成長を続けるためにはやはり資金力がものをいうのだと改めて痛感したGさん。自社のみでの成長に限界を感じるようになったのです。

しかし、せっかくここまで大きくしたG社のさらなる成長を諦めたくなかったGさんは、会社の発展のためにできることを考える中で、以前テレビの経済番組で特集されていたM&Aのことを思いつきました。

当時はまさか自分の会社が検討することになるとは思ってもいませんでしたが、いまのタイミングであれば最適な方法かもしれないとGさんは考えました。専門業者のもとを訪れ、アドバイスをもらったGさん。自身の引退までまだ余裕のある今だからこそ余裕を持って相手企業探しに力を入れられると判断し、さっそく行動に移ることにしました。

Gさんは「G社をさらに成長させてくれる」「従業員の雇用を守ってくれる」の2点に条件を絞り精力的に相手企業を探しました。遠方または同エリアの企業もありましたが、Gさんが選んだのは隣の県で不動産業を営む上場企業H社でした。これくらいの距離であればお互いにシナジー効果が大きいと考えたのでした。

H社の社長はGさんと同世代。自社を発展させたいというGさんの強い意欲にHさんはおおいに共感してくれ、一緒に会社を大きくさせていこうと言ってくれました。

統合後も、まだ働き盛りのGさんには社内に残って引き続き指揮をとってほしいというのがH社の条件でした。

Gさんにしてみれば、今回のM＆Aは自身の引退が目的ではなかったため、喜んでその条件をのむことにしました。H社と一緒になることで知名度も大きく向上し、優秀な人材の採用もしやすくなります。社員教育に関してもH社ですでに体系化されているものを利用できれば、これまで手薄だった部分が一気に強化できるのです。

G社を傘下に置くことで、H社は新たなエリアへの進出を実現できました。地元の信頼を得て手堅い経営を続けてきたG社であれば、社員教育以外の面での経営に関するテコ入れも必要なかったのです。

両社の統合によって、伸びが鈍化していたG社の業績は再び成長を見せるようになりました。Gさんは余計な心配から解き放たれ、のびのびと営業活動に精を出せるようになりました。家族との時間も以前に比べて取れるようになったのが嬉しいメリットだったそうです。

解説！ 成功のポイント

〈ポイント〉

・自社がさらに成長していくための手段として大手へのM＆Aを実行し、今後の成長への道筋をつくることができた。

・自社のビジョンと合致した企業とのM＆Aが成立したことで、その後の統合がスムーズに行えた。

・大手への売却によって知名度が向上し、採用力も向上した。

〈メリット〉

・大手とのM＆Aによって、当初計画していたとおり、顧客基盤の強化や人材採用、教育体制が整い、事業成長へとつながった。

・事業シナジーを生むために、隣接県の大手とのM＆Aを実施し、営業活動を活発化させることができた。

〈注意点〉

・企業の成長のためのM＆Aを行う場合、相手先との相性やビジョンが共有できるかどうかに注意が必要。相性の合わない企業同士のM＆Aでは、当初期待していた成長が達成できない可能性がある。

〈ワンポイントアドバイス〉

・不動産や化学、製薬、小売、印刷など事業展開に資金力や人材採用力が必要な業種では、大手とのM＆Aがより重要となっている。

ケーススタディ⑤

市場縮小の印刷業界で生き残りをかけて。小さくとも特殊技術を強みに総合印刷業の仲間として

以前は印刷業が隆盛を極めていた地域で、ＰＰ加工や箔押しなど印刷物の特殊加工を専門に手がけてきたＩ社。

周囲の同業の会社は出版不況で次々に姿を消して行く中、Ｉさんご夫婦は先代から引き継いだこの会社を必死で経営してきました。専門性を武器にここまで生き残ってきましたが、業績は芳しくありません。赤字ではないもののここ何年も横ばいを続け、これから上昇する見込みもありません。

売上アップのセミナーに参加してみたところ、インターネットを活用した方法での集客を紹介されました。しかしそのような方法に抵抗感のあったＩさんにはとても実行できそうになく、さらに資金面でも現実味がありませんでした。

家業として続けてきたこの会社をなんとか次世代につなげたいという気持ちは強くありましたが、後継者の候補は見つかっていません。Ｉさん夫婦には息子が1人いましたが、「いまどき印刷業界なんて怖くて継げないよ」と、市場縮小を理由に断られていたのです。従業員も昔からいる人ばかりで、若い人はほとんど入ってきていませんでした。

売上アップの手立てもなく、後継者もおらず、このまま手をこまねいていては廃業の道しかなくなるとＩさんは深刻な危機感を抱きました。そこで知り合いや税理士、弁護士などに相談してみたところ、同じように後継者不在に悩んでいた中小企業が大企業と資本提携することで生き残ることができたとの話を耳にしたのです。

その方法がM&Aだということを知り、内容を詳しく調べてみると、中小企業のM&Aが増えていることがわかりました。困っているのは自分たちだけではないのだと思うと少し安心したＩさん。M&Aの情報をくれた知り合いの紹介を通じて専門家のもとを訪れることになりました。

Ｉさんは、会社を存続させること、そして高齢になりかけている従業員の雇用を守ることだけを目的に相手企業探しに取り組み始めました。厳しい競争にさらされている業界であるため、候補先の企業は多くはありませんでした。

その中で縁があったのは、少し離れた地域で総合印刷の看板を掲げるＪ社。同業とはいえ、総合印刷と特殊印刷ということでジャンルは異なるため、Ｊ社に買収されることに特に抵抗感はありませんでした。それよりも、このままでは廃業の憂き目に遭うしかない自社を救ってもらえるという思いの方が強く、前向きに交渉に取り組んだところ、Ｊ社の社長も好条件を提示してくれたのです。

Ｊ社は総合印刷業を名乗るにあたり、印刷メニューの拡充に積極的に取り組んでいました。これまで特殊加工に関しては外部に加工委託をしていましたが、Ｉ社を買収できれば自社内で行えるようになります。つまり、納期の短縮とコスト削減の両方を行うことができ、顧客満足度は向上することになります。

Ｉ社の業績は成長こそ止まっていましたが赤字は出しておらず、さらに企業規模が小さかったこともありリスクの低い投資となりました。Ｉさんご夫婦の謙虚で丁寧な人柄からも、今後の引き継ぎがスムーズに進むであろうことが予想されました。

無事にM＆Aが成立すると、Iさんご夫婦は1年をかけて引き継ぎ業務に集中することになりました。ベテランの元I社社員がJ社の若手社員に指導を行うことで、企業のみならず技術の承継もでき、Iさんご夫婦は安心して次世代にバトンタッチできるような気がしたそうです。Iさんご夫婦が手をつけていなかったウェブを利用しての集客システムについても、J社からの支援を受けて実現することができました。

さらに、J社の行っている印刷メニューもI社で受注することができるようになったことで、ウェブでの集客とあいまって、久しぶりに業績もぐんとアップ。一方、J社にとっては特殊印刷のコストを大幅に削減できたうえ、技術力を強化できたことで、両社にとって実り多いM＆Aとなりました。

この頃、Iさんご夫婦の息子が結婚し、まもなく孫も生まれることになったそう。引き継ぎ期間を終えた後は、息子夫婦の子育てを手伝うのがこれからの夫婦共通の楽しみだということです。

解説！ 成功のポイント

〈ポイント〉

・印刷業界という市場が縮小する業界であるが特殊印刷というニッチな事業であったため、赤字にならず事業継続をして、M＆A先からも評価された。

・譲受側では外注先を内製化するためのM＆Aを実施することで、顧客満足度とコスト削減、納期改善を実現した。

・引き継ぎに十分な時間をかけることで、確実に技術伝承を進めることができた。

〈メリット〉

・ニッチな市場に特化している企業は、総合的な事業を展開している企業に対してM＆Aの際のメリットを訴求しやすいことが多い。

〈注意点〉

・業績が横ばいの企業の場合、業種によってはM＆Aが成立するまでに時間がかかることがあるため、早期の準備が必要である。

〈ワンポイントアドバイス〉

・印刷業という市場の縮小が見込まれている業界でも、得意な分野を磨いている企業は、M&Aによって生き残りを図ることができる。

・ニッチ分野は大手企業が外注を出している分野でもあり、コストダウンや納期短縮の流れの中で、M&Aは活発化する。

ケーススタディ⑥

利用者とスタッフにとって安心できる会社の未来を。大手介護事業グループ傘下に入ることで現場の仕事に集中できるように

K社は介護用品の販売からスタートし、現在は訪問介護をメイン事業として行っている会社です。

社長のKさんは父親の介護を経験していたこともあり、自身の体験をもとに高齢者にとって〝痒いところに手が届く〟介護サービスを心がけてきました。

利用者は地域の高齢者ばかり、介護サービスを担うスタッフも地元の主婦が中心。まさに地域に根ざした企業として堅実な経営を行ってきたK社ですが、Kさんのひそかな悩みは後継者問題。父親の介護や会社の経営に忙しく独身を貫いてきたKさんには子どもがいません。スタッフのサポートとして現場に立つこともあるほど気さくで純朴な人柄のKさんは、頭の片隅で後継者の問題を意識しながらも、日々の仕事に追われるままに時間を過ごしてきてしまいました。

そんなある日、胃潰瘍の疑いで検査入院をすることになったKさん。その間、ベテランの事務員や現場のスタッフたちが会社を支えてくれていたので大きな問題はありませんでした。しかしそんなスタッフたちの将来も、後継者問題が解決しなければいつまでも不安定なままです。

後継者問題に向き合う覚悟ができたKさんは退院後、さっそく医療・介護業界の将来を考えるセミナーに参加。そこでM&Aという方法があることを知り興味を持ちました。これまでは会社の経営やビジネスにあまり関心を持っていなかったKさんですが、M&Aや介護業界についてインターネットや本、周りの経営者からの情報などで知識を得ていくと、同じように後継者問題に悩む中小企業がM&Aを活用していることを知ると同時に、業界内の統廃合をあらためて実感するようになりました。

K社は県内でこそ知名度も顧客からの信頼も獲得していましたが、この先も会社を存続させることを考えると、規模の大きさとしては心もとないと言わざるをえません。既に50歳代の後半という年齢を考えるとこれから規模を拡大していくのも厳しく、さらにそのようなことは自分には向いていないとKさんは感じていました。

これから先の長い将来にわたって顧客が安心して利用できるよう、サービスの質を落とさず、かつ現在のスタッフの雇用を守ってくれる、将来性があり規模の大きな企業。これがKさんの譲渡条件でした。

医療・医薬業界と同様に成長と統廃合の進んでいる業界であることから、M&Aのアドバイザーに相談したところ、候補企業がすぐにいくつか挙がりました。Kさんは相手企業が経営するグループホームや訪問介護の現場を実際に訪れ、サービスの質を確かめることに力を入れながら候補を絞っていきました。

最終的に話がまとまったのは、全国規模で総合的な介護事業を行うL社。トップ面談においてKさんの志や利用者への誠実さに理解を示してくれたL社の社長は、これからもK社らしい色を大切に、利用者とスタッフの未来を守り続けると約束してくれました。そして、L社は社員教育にも力を入れており、キャリアプランや賞与制度などがしっかりしているため、引き継がれる従業員も今以上に目標を持って活躍してくれるのではないかと感じられました。

また、介護事業の根本とも言える「志」の面においてK社の色を取り入れることが会社の信頼性や品質の向上につながるとも考えられました。

両社のM&Aが成立し、K社は晴れてL社のグループ企業となりました。サービスの内容やスタッフはそのまま引き継がれるため、利用者にとっては目に見える大きな変化はありません。スタッフからは「安心した」という声がほとんどでした。経営面では、L社によるテコ入れが行われたことですぐにこれまで以上の利益が出るようになりました。また、K社のスタッフの高いホスピタリティが評価され、グループ企業の教育現場に呼ばれることも。K社のスタッフにとっては活躍の場が広がりました。

Kさんは顧問として半年ほどの引き継ぎ期間を経て、本人の希望から60歳まではK社の一員として現場の仕事を続けることになりました。経営者としての責任から解放され、胃潰瘍も悪化することなく早期に治癒することができたそうです。「利用者のことだけを考えられる立場が自分には合っている」と笑うKさんを、利用者は今日も慕っています。

解説！ 成功のポイント

〈ポイント〉

・介護事業という地域性の強いビジネスを展開していたK社は、全国展開を行っているL社と組むことで、利益やスタッフ満足度が向上しただけでなく、譲受企業にとってもK社のすぐれた研修を受けることで、全社的な顧客満足度向上を図れるようになったWIN－WINのM&Aである。

〈メリット・デメリット〉

・賞与制度や人事制度が整えられ、よりK社の社員の満足度が向上した。
・会社の方針やカルチャーを理解してくれるL社と組んだことで、M&A後もお互いの現場の強みを活かしている。

〈注意点〉

・本ケースの場合はKさんの病気が軽かったものの、大きな病気が発見されたケースでは、会社の業績が大きく傾き、最悪の場合には、親族間の承継もM&Aもできなくなる可能性があることに注意が必要。

〈ワンポイントアドバイス〉

・医療や介護など地域性の強い事業を行っている場合、全国展開をしている企業にとっても、事業拡大のためのM&Aが重要になっている。業界としてM&Aが盛んになってきているので、企業価値を高く評価してもらえるタイミングでM&Aをされることがおすすめ。

ケーススタディ⑦

ＩＴベンチャーの出口戦略としてのＭ＆Ａ。ビジネスの種を蒔き、大きな成長の可能性としての苗をバトンタッチ

Ｍ社は新進気鋭のＩＴベンチャー。学生時代から数々の事業の立ち上げに携わってきた若手経営者Ｍさんが立ち上げた会社です。「旅」を切り口としたウェブサービスやアプリの開発を行っていました。

そのうちの一つ、旅についてのメディア事業がヒットし、Ｍ社は急速な成長を遂げることとなりました。これからのさらなる需要の伸びも見込まれ、人材や体制の規模の拡大が急務に。

もともとＭさんは事業を0から1に立ち上げることが得意で、学生ベンチャーとして事業を立ち上げ、軌道に乗せては法人に売却するという経験を積んできていました。今回のＭ社についても、まだまだ成長の余地があり本来であれば手放すのはもったいないくらいのタイミングでしたが、Ｍさんは早々にＭ＆Ａを計画することに。

Mさんの周囲には事業の立ち上げやM&Aを行う起業家がたくさんいましたので、M&Aを利用することにはまったく抵抗感はありませんでした。自身が苦もなく行うことのできる事業立ち上げを担当し、継続的な運営とさらなる成長は他者に託すというスタイルこそが、Mさん自身がビジネスを楽しく行える形だと感じていたからです。M&Aの経験を積み、そのスキームを理解することで次のビジネスの役に立てたいとの思いもありました。

そんなMさんが相手企業に求めた条件は、M社の事業をさらに成長させてくれること。もちろん、希望する売却価格を了承してくれることは言わずもがなです。

これからさらなる成長が見込まれる事業だったため、買収を希望する企業はいくつも現れました。その中からMさんは、M社の事業にすぐに人材と資金を補充できるだけの規模を持つN社を選びました。

N社はエンターテインメントや飲食業などにおいて、さまざまな事業をITとからめることで成長を遂げてきた会社でした。幅広い事業を扱っており、そのノウハウが社内に蓄積されていることや、チャレンジに対して鷹揚な点もMさんにとっては魅力でした。

一方、N社にとっては今後ほぼ確実に成長が見込めるM社は、その事業内容のユニークさとあわせ、買収金額以上に魅力的なものでした。取り扱い事業に幅を持たせたい方針もあって、まだ手がけたことのなかった旅行系という点も大きなポイントになりました。

M&Aにあたり、MさんはN社に全権を委譲し、自身はM社からいっさい身を引きました。もともと多くはなかったM社の社員の一部はMさんと一緒に事業から離れ、実質的な運営を担っていた一部の社員はそのまま残ることになりました。いずれも、M社を成功させた対価として十分な金銭的報酬を得ることができています。

Mさんは、譲渡の対価として得られた資金を元手に、また新たな事業の立ち上げを計画しているそうです。これからもM&Aをうまく活用しながら、成長の可能性を秘めた事業の苗を社会に送り出していくことを目指しています。

解説！ 成功のポイント

〈ポイント〉

・急成長ベンチャーをさらに成長させるための手段として大手のグループ化を行い、人員と資金調達に成功。

・IT企業を中心に、M&Aで得た資金を元に、連続して新しいビジネスを始める経営者（シリアルアントレプレナー）は増加している。

〈メリット〉

・M&Aを活用し、事業成長を大手のグループに託すだけでなく、新しいビジネスを始める資金調達の手段としても利用することができた。

〈注意点〉

・ベンチャー企業のM&Aにおいても、企業の成長性や将来性だけでなく実績が企業価値評価の重要な指標となるため、M&Aの際には実際にビジネスがどの程度の売上・利益を計上しているのかも注意が必要。

〈ワンポイントアドバイス〉

・戦略として拡大するためのM&Aという目的に沿って、候補先を決定することで、自社に最も適した企業に譲渡することができた。

・「売却後の自分」を想像することで、より具体的かつスピーディにM&Aを進行させることができる。

ケーススタディ⑧

誰からも愛される最高のスイーツを未来につなぐ。独自ブランドの方向性はそのままに、大手食品メーカーに想いをたくす

岐阜県の豊かな自然に囲まれた地域に工場を構え、独自ブランドの強みを全面的に打ち出したスイーツを作っているO社。チョコレート、チーズケーキなどの主力商品に加えて、自然の素材をふんだんに使ったお菓子をたくさん開発・販売してきました。

O社を経営するのは好奇心旺盛で新しいもの好きなOさん夫婦。共通の趣味はスイーツ屋さん巡り。趣味が高じて30歳代で脱サラし、世界中を旅しながら現地のお菓子を研究。帰国後は製菓の専門学校に通いながらケーキ屋さんでのバイトなどを経験し、ついには2人で小さなスイーツ専門店を始めたのです。

〝究極のスイーツ〟を目指して日夜お菓子の研究開発に取り組み、その成果である数々のお菓子は店舗で飛ぶように売れました。

最初の店舗が軌道に乗ると、少し離れた地域で2店舗目、3店舗目を何年かごとに出店し、開店から10年後には5店舗を経営するまでに。この頃から各店舗での製造に限界を感じ、少し離れた緑豊かな地域に思い切って工場を設立。一貫したセントラルキッチン方式で製造を行い、各店舗で販売するという形をとるようになりました。

工場の設立は大きなチャレンジでしたが、おかげで量産体制がとれるように。1店舗あたりでの販売数が3倍も増え、さらにはそのエリアにある百貨店に取り扱ってもらうなど販路拡大の地道な営業も功を奏しました。

21世紀になり、世はスイーツブームを迎えO社の売上はますます拡大。しかしそれ以上の無理な事業規模の拡大は図らず、Oさん夫婦は変わらず自ら新製品を企画・試作しながらスイーツを生み出す姿勢を変えませんでした。基本的に県内での販売に限定していたこともあり、レア感もあいまってO社ブランドのスイーツは大人気。隣の県からわざわざ買いに来る人もいるほどでした。

ところが創業から20年を越えた頃、Oさんの夫が糖尿病をわずらい、社長業を続けることが難しくなりました。もともと夫婦で行ってきた経営でしたので、そのままOさんが社長の座に就くことになりました。

しかしOさんが夫の面倒を見ながらこれまでと同様の働きを続けるのはたいへん負担のかかることでした。O社ブランドはすっかり確立されていましたので、頻繁に新製品を発売しなくてもじゅうぶんに経営は安定する状態だったのが不幸中の幸いでした。しかし自身が社長になって5年が経つ頃には、後継者をどうするかという問題がOさんの意識を占めるようになりました。

というのも、夫婦には子どもがいません。

Oさんは書店で事業承継に関する本を探し、その過程でM&Aという手段があることを知りました。もともと珍しいことには興味を持つタイプだったため、すぐに専門家のもとへ相談に訪れ、M&Aを検討することになりました。

近隣では名の知れたスイーツメーカーだったこともあり、短期間で候補企業は複数見つかりました。

金銭的な面以外でOさんが望んだのは従業員の雇用の継続と、O社ブランドの存続でした。いくつかの食品メーカーや小売会社と交渉を重ねる中で、Oさんが心を惹かれたのはP社という食品メーカーグループでした。独自性の強い製品ラインナップを揃え、自ら築いた販路を武器に全国へ製品を届けている会社でした。

P社の社長はO社の工場や店舗を何度も訪れ、その歴史や想いを理解しようと努めてくれました。「独自ブランドの良さを大事にお客様に届ける」ことを理念にするP社の姿勢にOさんは心が動いたといいます。P社であれば、O社ブランドの良さを変えることなく、さらに磨き上げていってくれるに違いないと感じ、前向きに交渉を進めました。

P社の社長は、Oさん夫婦がここまで築き上げてきた想いや文化を知り、ぜひ自分たちのラインナップに加えて、その魅力を全国に届けたいと思ったそうです。創業以来黒字経営を続けており、P社としては全国への販路の拡大をサポートすればよいだけの状態であることも魅力的でした。

トップ面談や工場訪問を経てすっかり意気投合した両社の社長はお互いにM&Aに合意し、O社はP社のグループの一員となることが決まったのでした。

O社の社員にはOさんから直接M＆Aの説明があり、多少の不安の声は聞かれたものの、販路が全国へ拡大することへの期待の気持ちの方が勝っているように見受けられました。

P社はO社従業員の雇用もしっかり守ってくれ、希望者には他部門への出向など、新たなキャリア獲得のチャンスも用意してくれました。全国にO社のスイーツが届けられるようになったことで、O社の売上は爆発的に伸び、両社にとってシナジー効果の高い統合となったのでした。

Oさんは引き継ぎ期間を終えたあとは現場から退き、名誉顧問として名を連ねる予定です。引き続きO社の相談に乗りながら、今後はプライベートに重点を置いて病床の夫との時間も大切にしたいとのことです。

解説！ 成功のポイント

〈ポイント〉

・製造小売に強みがあるO社と流通網に強みがあるP社がM&Aすることでお互いの強みを補完するため、統合がスムーズに進行し、結果的に売上も大きく向上した。

・異なる業種の企業同士のM&Aのため、従業員のキャリア構築の道が拓けるなどO社全体の組織力向上につながった。

〈メリット〉

・Oさんも名誉顧問という形での会社への関与継続と、自身の目的だった夫と過ごす時間の両方に恵まれることができた。

・製造小売と流通という異なる強みを持つ企業同士のM&Aにより、お互いの補完効果が倍以上となって事業が大きく成長した。

〈注意点〉

・異なる業種同士のＭ＆Ａはお互いの方向性がきちんと一致していないと、Ｍ＆Ａ後に当初の目的の売上拡大や従業員の満足度向上が達成できないことにもなりかねない。お互いが「なぜこの企業か」という視点から冷静に問題点を整理することで、ＷＩＮ‐ＷＩＮのＭ＆Ａを達成することができる。

〈ワンポイントアドバイス〉

・パートナーが病気になったことがキッカケで事業承継を検討される方が増加している。パートナーの方の治療費や事業への関与度合いを考えると、廃業を検討されるよりもＭ＆Ａによって資金を得ながら会社に関与し続けるというスタイルがおすすめ。

おわりに

最後までお読みいただき、ありがとうございます。

私がM&Aプラットフォーム事業を始めたのは、子ども時代に父の会社の自主廃業により家族が憂き目をみたことが一番のきっかけです。

そのような私の実体験からの思いに加え、本書では、さまざまな角度から廃業の実情やデメリット、そしてM&Aのメリットや将来性、現代社会との相性の良さについて説明してきました。

「後継者がいない」
「第三者への譲渡で悩んでいる」
という方はきっと少なくないことと思います。

M&Aを行うには、早くても半年~1年程度の時間が必要です。縁や出会いといった不確定の要素も必要となってきます。

だからこそ、ベストなタイミングで自社の行く末を委ねることができるよう、早めに準備しておくに越したことはありません。

企業価値を把握しながら、いずれ訪れる可能性のある未来に備えることは、経営者自身の幸せなリタイアのためでもあり、従業員、取引先、ひいてはそのご家族の方々の未来のためでもあります。M&Aは、会社にかかわるすべての人たちへの、経営者からの〝愛〟と言えるのではないでしょうか。

M&Aを通じて、会社を守り、社員を守り、雇用を守り、地域経済、日本経済、そして日本の未来を守っていく。すべての人たちの幸せをお手伝いできるようなビジネスを私はこれからも提供していくつもりです。あなたの会社と社員が幸せになれるよう、心から応援しています。

最後になりますが、本書の執筆は、大変多くの方々に支えられて出来上がりました。

帯の推薦文をくださった丹羽宇一郎様をはじめ、現在の日本経済を牽引されて来られた大先輩方に応援をいただきました。心より感謝しております。これからも応援して下さる方々に恥じぬよう、より一層経営に邁進し、次世代を担う一員として貢献的事業を創出していく所存ですので、これからも変わらぬご指導を賜れましたら幸甚でございます。

そして株式会社FUNDBOOKの全従業員の皆様、いつも本当にありがとうございます。私は、皆様がいてくれることで描ける未来があります。この事業を創業するにあたり、大変な苦労を掛けてしまったと思います。忙殺される毎日の中で、本当の働く意味や、人生のあり方を忘れてしまうこともあるかと思いますが、私たちが歩む道の先には発展があり、革新があり、貢献があると信じています。どうか皆様と、皆様のご家族に幸せな人生が訪れますように、微力ながら不撓不屈の精神で経営しますので、引き続きどうぞ宜しくお願いいたします。

本書をまとめる際には、プレジデント社の書籍編集長の桂木様には大変お世話になりました。一人でも多くの経営者様に届けたいという想いを、書籍という形で実現することができました。誠にありがとうございます。

最後にどんな状況でも一心不乱に応援し、信じてくれる最愛の妻、娘。また、今日を迎えるにあたりまして私を育ててくれた、愛する父、母、義母、兄、妹、姪に感謝をいたしまして、本書の結びとさせていただきます。

株式会社ＦＵＮＤＢＯＯＫ
代表取締役ＣＥＯ　畑野幸治

編集協力　村上杏菜
プロデュース　宮内あすか
DTP　野中賢（株式会社システムタンク）
アートディレクション　仲山慎哉（インフォーカス株式会社）
デザイン　槻舘翼（インフォーカス株式会社）

【著者紹介】

畑野 幸治（KOJI HATANO）

株式会社FUNDBOOK 代表取締役CEO

大学在学中に株式会社Micro Solutionsを創業し、インターネット広告事業を展開。2011年9月、株式会社BuySell Technologiesに参画し、戦略コンサルティングと金融に特化した人材紹介業に従事。2015年4月には自身で創業したネット型リユース事業を同社に事業譲渡し、2016年11月に同社の代表取締役CEOに就任。2017年9月には株式会社BuySell Technologiesで創業したM&Aアドバイザリー事業をスピンアウトし、株式会社FUNDBOOKを創業。その後、株式会社BuySell Technologiesの保有株式を全株譲渡し、代表取締役CEOを辞任。現在は自身のM&Aの実績を軸に、株式会社FUNDBOOKの代表取締役CEOに就任。会社と社員を幸せにするM&Aプラットフォーム事業に専念する。

M&Aという選択

2017年12月15日　第一刷発行

著　者　畑野幸治
発行者　長坂嘉昭
発行所　株式会社プレジデント社
〒102－8641　東京都千代田区平河町2－16－1
平河町森タワー13階
http://www.president.co.jp
電話：編集（03）3237－3732　販売（03）3237－3731
編　集　桂木栄一
制　作　関結香
販　売　高橋徹　川井田美景　森田巌
遠藤真知子　末吉秀樹
印刷・製本　凸版印刷株式会社

　ISBN978-4-8334-2247-5